Κάτω από τον ίσκιο των Πεύκων- Ποιητική Συλλογή

Μαρία Μπονάτσου

Published by Γιώργος Γεράσιμος Μαντζιώκας, 2023.

ΚΑΤΩ ΑΠΟ ΤΟΝ ΙΣΚΙΟ ΤΩΝ ΠΕΥΚΩΝ- ΠΟΙΗΤΙΚΗ ΣΥΛΛΟΓΗ

First edition. October 3, 2023.

Copyright © 2023 Μαρία Μπονάτσου.

ISBN: 979-8223289609

Written by Μαρία Μπονάτσου.

Πίνακας Περιεχομένων

Ο ήλιος του Ξυλοκάστρου 1

Ευτυχία 4

Στο ζωγράφο Θεόφιλο 5

Όταν Σου ζητώ συγγνώμη 7

Ο πεύκος 8

Σ' ευχαριστώ, Κύριε 9

Είμαστε Ένας 10

Θάλασσα 11

Τα πεύκα | 1 12

2 14

3 15

4 17

Το χταπόδι 18

Γεννηθήτω το θέλημά Σου Κύριε 20

Το μυστικό μονοπάτι 21

Στον Αλέκο Σακελλάριο 22

Υποχρεώσεις 23

Είναι καιρός 24

Όταν προσπαθώ... 25

Ο Πειρατής 26

Σ' ένα τεντωμένο σκοινί... 28

Στη μητέρα μου 29

Εγώ που οδεύω; 30

Σκέψεις για την Ελλάδα 31

Σήμερα, Κυριακή του Θωμά 32

Ελάτη 33

Οι Έλληνες που είναι; 34

Το Φθινόπωρο 35

Απάντηση σε ένα γράμμα 36

Το κέντημα της θείας Ζηνοβίας 38

Οι άνθρωποι φέρονται σαν Έλληνες 40

Για ένα όμορφο καλοκαίρι 42

Ο τόπος μας είχε πλατάνια και πολλά νερά. Ντενισλί, τον λέγαν. 44

Το πιο ευτυχισμένο πλάσμα στη γη 47

Η Κυρά-Δέσποινα 49

Το περιβόλι του παππού | ΚΕΦΑΛΑΙΟ ΠΡΩΤΟ 51

ΚΕΦΑΛΑΙΟ ΔΕΥΤΕΡΟ 58

ΚΕΦΑΛΑΙΟ ΤΡΙΤΟ 61

ΚΕΦΑΛΑΙΟ ΤΕΤΑΡΤΟ 64

Αντί Επιλόγου 66

Στους αγαπημένους μου

Θάνο, Βλάση, Γιώργο

Ο ήλιος του Ξυλοκάστρου

Μου λείπει τόσο πολύ ο ήλιος ,
ο ήλιος του Ξυλόκαστρου ,
που βγαίνει το πρωί και μιλά με τη θάλασσα
βουτώντας τις ακτίνες του μες τα νερά της ,
που ξεγυμνώνεται πάνω στα χαλίκια το μεσημέρι
κι αγναντεύει το άπειρο ,
που μεθυσμένος από ζωή χάνεται πίσω απ' τα βουνά
κι αποκοιμιέται το μαβί σούρουπο .
Μου λείπει τόσο πολύ ο ήλιος ,
ο ήλιος του Ξυλόκαστρου ,
που ματώνει από δίψα για ζωή κάθε απόβραδο ,
λες και δε θέλει να βασιλέψει ,
λες και δε θέλει να κλείσει τον κύκλο της μέρας .
Τον βλέπω , που χάνεται πίσω απ' τα βουνά ,
γεμάτος φλόγα , θεότρελος , παθιασμένος .
Χάνεται σιγά σιγά κι έρχεται η νύχτα ,
μια νύχτα μουδιασμένη , στενόχωρη .
Αχ , πώς μπορείς και σβήνεσαι ,
πώς μπορείς και φεύγεις ,
πώς μπορείς και υποτάσσεις
τέτοια φλογισμένη ψυχή
στον ανελέητο τροχό της μοίρας ;
Πώς μπορείς κι αποκοιμιέσαι τρελέ ;
Πώς δεν πιλαλάς στην Αγιά Βαρβάρα
τη νύχτα , πάνω στα χαλίκια , κρατώντας
στη φούχτα σου το ερωτευμένο τριζόνι ,
που ταράζει την ησυχία των πεύκων ;
Μη μου πεις πως ήταν τυχαίο ;

ΜΑΡΙΑ ΜΠΟΝΑΤΣΟΥ

Μια βραδιά , στην παραλία , κοίταζε ο Βλάσης
τον ουρανό κι αναφώνησε :
« Να ο ήλιος ! »
Ήταν η ώρα κοντά έντεκα τη νύχτα .
Πολλοί λεν πως το Αυγουστιάτικο φεγγάρι
στο Ξυλόκαστρο , είναι όπως ο ήλιος όταν δύει .
Μεγάλο , επιβλητικό , κατακόκκινο .
Δεν ξέρω να σας πω αν είναι έτσι...........
Γιατί ο ήλιος στο Ξυλόκαστρο
Έχει τέτοιο πάθος σαν βασιλεύει ,
που λες μας ξεγελά
και ξεπροβάλλει πάλι
απ' την άλλη άκρη τα' ουρανού
κάνοντας ένα μεγάλο μακροβούτι
μες τη θάλασσα .
Προβάλλει πάλι , κατακόκκινος , τρελός , ερωτιάρης ,
ασίγαστος , παθιασμένος τροβαδούρος της ζωής .
Κανείς δεν τον είδε !
Μόνο ο Βλάσης , με τα μάτια
των δύο του χρόνων τον γνώρισε !
« Να ο ήλιος » , φώναξε .
Κι ο Γιώργος , τον κοίταξε καλά καλά
και γρήγορα συμφώνησε :
« Ο ήλιος , ο ήλιος ! »
Μπορείς να ξεγελάσεις τα παιδιά ;
Πες μου μπορείς ;
Πες , πως τους άλλους όλους τους ξεγέλασες
κυρ-ήλιε μπεκρή κι αλανιάρη!
Πες , πως τους άλλους όλους , που κοιτούν
χαμηλά τα βότσαλα και τα κύματα
τους έχεις του χεριού σου !
Μπορείς όμως να ξεγελάσεις
τις ψυχές των παιδιών
που ανάλαφρες , απαλλαγμένες απ' τα βάρη
της ανθρώπινης ματαιοδοξίας

σεργιανάνε τον ορίζοντα ;
Όχι , δεν το μπορείς , κυρ-ήλιε !
Κυρ-ήλιε Ξυλοκαστρίτη
ψαρά και βαρκάρη !
Κυρ-ήλιε τρελέ !
Πόσο μου λείπει ο ήλιος
ο ήλιος του Ξυλόκαστρου .....!!

Ευτυχία

Ευτυχία τελικά δεν είναι να τα έχεις όλα.
Ευτυχία είναι να χαίρεσαι γι᾽αυτά που έχεις.
Και μη μου πεις πως έχεις λίγα!
Σκέψου μονάχα πόσο χρυσάφι χύνει ο ήλιος
απλόχερα την κάθε μέρα
και πόσο ασήμι το φεγγάρι!

Στο ζωγράφο Θεόφιλο

Τώρα πια είσαι καλά Θεόφιλε.
Πέρασαν τα βάσανα, η πείνα, ο πόνος, η κούραση...
Τώρα πια είσαι καλά!
Μέσα σε μύρια χρώματα,
μέσα στην ίδια την αρμονία,
της αρμονίας κομμάτι κι εσύ,
βαθιά στην αγκαλιά του Θεού
σαν τον φτωχό Λάζαρο
απολαμβάνεις τη Μακαριότητα
του Παραδείσου.
Πες μας Θεόφιλε,
πως τα κατάφερες
ν' αντιπαλέψεις εδώ στη γη
τον καθημερινό πόνο
με τη λεβεντιά της ψυχής σου,
την πλατιά σου αγάπη
με την αδικία των άλλων
τ' αφθαρτα χρώματα
με το σκοτάδι της φθοράς;
Να' σαι καλά Θεόφιλε,
που μας χάρισες
ένα κομμάτι απ' την
απέραντη κι ωραία ψυχή σου
που μας φανέρωσες
το μεγαλείο ενός
Πνευματικού Μεγαλέξανδρου,
που μας δίδαξες
την λαχτάρα για την

Αιώνια ομορφιά
και την Μακαριότητα της Ταπεινότητας!
Ας είσαι πάντοτε
Οδηγός για τον Λαό μας!!

Όταν Σου ζητώ συγγνώμη

Όταν Θεέ μου Σου ζητώ συγγνώμη
νιώθω την ευλογία στη ψυχή μου
κι ο νους μου γαληνεύει
ενώ μια γλυκιά χαρά σιγοκαίει μέσα μου,
σαν τη φλόγα του καντηλιού στο εικονοστάσι.
Όταν επαίρομαι, σκληραίνω, κομματιάζομαι,
χάνομαι, πέφτω απ'το ένα λάθος στο άλλο
ξεφεύγω απ' τον έλεγχο λόγων και πράξεων.
Πόση αδυναμία υπάρχει μέσα μου!
Και πόση δύναμη και γαλήνη αποκτώ
όταν Σου ζητώ συγγνώμη!!

Ο πεύκος

Ζηλέυω την ήρεμη προσπάθεια του δέντρου
που στέκει χρόνια , κουβαλώντας κλωνάρια στιβαρά
καταπράσινο ,γαλήνιο
πουλιά στα κλαδιά του ερωτευόνται
κι ο μπάτης παίρνει την κάψα
του μεσημεριού
τα δίχτυα του ο ήλιος απλώνει την αύγη
κι η βροχή αναπαύει τις ρίζες,
ο θυμωμένος άνεμος θά'ρθει και θα φύγει
κι ο πεύκος με κρυμμένη
μιαν ανεξάντλητη δύναμη
μεσ'τις βελόνες του
στέκει γαλήνιος
εξισορροπώντας τα μέλη του ,
έχοντας το μέτρο
μες τα κύτταρα του φυλακτό
κι αγναντεύει τα ουράνια
και προσεύχεται!

Σ' ευχαριστώ, Κύριε

Σ'ευχαριστώ Κύριε, για την ευωδία του δυόσμου, που ξεχύνεται
και ρίχνει βάλσαμο στην ψυχή.
Σ'ευχαριστώ Κύριε, για την μυρωδιά της ρίγανης και της μέντας,
που απαλύνουν και γιατρεύουν κάθε πόνο και ηρεμούν τον άνθρωπο.
Σ'ευχαριστώ Κύριε, για την ευωδιά του σταυρολούλουδου του βασιλικού,
που σκορπά στον αγέρα την ευλογία του ίδιου του Θεού.
Αχ Κύριε, δεν μπορώ ν'αρθρώσω λέξη για το γιασεμί, τ'αγιόκλημα,το
νυχτολούλουδο,
που σαν σουρουπώσει σιγοκαίνε το θυμίαμά τους
κι ευγνωμονούν Εσένα τον Πλάστη τους για την αγάπη Σου σε μας.
Όλη η πλάση, μια όαση Κύριε για την «άγρια» ψυχή μας,
που προσπαθεί να μερώσει απ'τα πάθη της .
Μακάρι Κύριε, να συντελέσουν
στη γιατρειά της ψυχής μας,
τ'αρώματα των αγίων βοτάνων σου!
Μακάρι Κύριε!

Είμαστε Ένας

Δεν έχουμε δυο ζευγάρια μάτια,
ούτε δυο καρδιές,
μόνο ένα ζευγάρι μάτια
και μια καρδιά.
Όταν κλείνω τα μάτια
αποξενώνομαι, κοιτάω μόνο
το Εγώ μου.
Όταν τ' ανοίγω, νιώθω φως
να με δένει, να με ξεσταίνει,
να λιώνει τις «αιχμές»
που πονούν.
Γύρω μας φως, δακτυλίδια χρυσά,
που μας κρατούν κοντά.
Μία καρδιά συνεχώς χτυπά
κι ονειρεύεται
είναι η δική μας!!!

Θάλασσα

Θάλασσα
τα κύτταρα σαν κοχύλια σε ποθούν
κι οι ιστοί, ίδια φύκια,
λαχταρούν το αγγιγμά σου·
η καρδιά σκιρτάει στη
γαλάζια θωριά σου, ενώ
το αίμα προσπαθεί να θυμηθεί
των δικών σου κυμάτων την ορμή
κι οι φλέβες σου κοντεύουν να σπάσουν
σαν τα σκοινιά του καραβιού που λαχταρά το ταξίδι.
Το μυαλό ζηλεύει τ' ορίζοντας σου το πλάτος
κι η ψυχή την ομορφιά του βυθού σου.
Θάλασσα,
μόνο εσύ ξέρεις να λες τόσο όμορφα τραγούδια,
που το στόμα βουβαίνεται
στο άκουσμά τους.
Τα νερά σου με το φως αντάμα λικνίζονται σ' ένα χορό
δίχως τέλος
ενώ η αισιοδοξία
του χαμόγελου των ακτών σου χαρίζει γλυκό γέλιο
στα χείλη!

Τα πεύκα

1

[4-2001]
Αυτά τα πεύκα
μπαίνουν στην ψυχή μου
Απλώνουν τα κλαδιά τους
και με κυριεύουν
Αγέρωχα, Επιβλητικά,
σαν πράσινα σύννεφα
γεμίζουν τον ορίζοντα
Μα πιο πολύ αγαπώ τις βελόνες τους,
που χτενίζουν το φως του ήλιου,
που γαργαλούν τις ουρές των σπουργιτιών,
που χορεύουν στο φύσημα του αγέρα
Αναρχικά,
Σπάνε τα τζάμια,
εισβάλλουν στο σπίτι,
κυριεύουν με την ηχηρή σιωπή τους
το σαλόνι
Αποδιώχνουν τα είδωλα
του αστικού πολιτισμού
και στήνουν
το βασίλειο του πράσινου
με τις χίπισσες πευκοβελόνες τους
να στάζουν μεθυστικό ρετσίνι.

2

[3-2001]
Αυτός ο πεύκος
λες και ξεπηδά απ' την ψυχή μου.
Είναι ο φίλος μου,
ο αδερφός μου, ο δάσκαλός μου.
Θα του πω
τον πόνο μου, τη χαρά
και την έγνοια μου
και ξέρω πως
θα μ' ακούσει και θ' απλώσει
τα φουντωτά κλαδιά του
να μ' αγκαλιάσει,
να με παρηγορήσει,
να μ' αναπαύσει.

3

«Μέσα στα δημιουργήματα του Θεού υπάρχουν πολλοί συμβολισμοί, πολλά διδάγματα,
πολλά μυστήρια που συνθέτουν τη μαγεία της ζωής»
Βλέπω τα πεύκα που σαλεύουν
καθώς περνά ο αγέρας
μέσα από τα κλαδιά τους.
Σαν πελώριες βεντάλιες κινούνται
τα μεγάλα τους κλάδια
ενώ τα ξερά πούσια και τα κουκουνάρια πέφτουν στο χώμα
υποταγμένα στη μοίρα τους.
Όμως ο κορμός αυτών των Γιγάντων παραμένει Ασάλευτος.
Πάνω του, γραμμένη, σαν σε πάπυρο,
η ιστορία τους,
χαρακές, αυλάκωσεις,
μαρτυρά τον αγώνα του δέντρου
ν’ανέβει ψηλά,
ν’ατενίσει τον ορίζοντα.
Και ο κορμός παραμένει Ασάλευτος·
γερά στερεωμένος
απ’τις πολύπαθες- πολύμαθες ρίζες,
που σοφά και συνετά
τρέφουν και στηρίζουν τους Γίγαντες,
ταπεινώνοντας τον εγωισμό τους
μέσα στη γη.
Και ο κορμός παραμένει Ασάλευτος·
διαγράφοντας τη αδρή σκιά του
μέσα απ’τους κρουνούς φωτός
που χύνει ο ήλιος.

Και ο κορμός παραμένει Ασάλευτος·
μέσα στις καταιγίδες, στις μπόρες, στα αστραπόβροντα.
Και ο κορμός παραμένει Ασάλευτος·
κουβαλώντας την πείρα της Άνοιξης
αντέχει τις βαρυχειμωνιές,
παραμένει Ασάλευτος
και ειρηνικός,
δεν προσμένει τίποτα
γιατί τα έχει όλα,
ασκητεύει, προσεύχεται
ευφραίνεται....,
ενώ τα κλαδιά
σαν βεντάλιες γιγάντιες
κινούνται καθώς ο αγέρας
περνά ανάμεσά τους.

4

[2-2001]
Αυτό το πεύκο μ'αγκαλιάζει,
μ'ανακουφίζει,
σαν μπάλσαμο μπαίνει στη ψυχή μου
μπερδεύει τα κλωνάρια του
στου μυαλού τα νεύρα
μου δίνει στήριγμα
το δυνατό κορμό του,
ενώ οι πευκοβελόνες του
σαν πονηρές κορασιές
μπερδεύονται στα μαλλιά,
στα χέρια, στους ώμους...
Το δυνατό ρετσίνι του
περνά στο αίμα και το
ανταριάζει.
Η λάβα του ήλιου το
πυρώνει.
Η άγρια πνοή του ανέμου το
συνεπαίρνει.
Πανηγύρι σωστό!!
Όλο το σώμα δονείται
ψυχή, καρδιά, νους...!
Το στώμα- υφαίστειο ενεργό –
δίνει διέξοδο στον «παλμό»
κι'αρχίζει το τραγούδι!

Το χταπόδι

[3-2001]
Η αμαρτία είναι σαν
το χταπόδι·
έχει πολλά πλοκάμια
και μας τυλίγει,
μας παγιδεύει, μας πνίγει.
Μέσα στη θάλασσα
του εγωισμού
βρίσκει το χταπόδι
το θαλάμι του
και κρύβεται.
Μόλις χαλαρώσουμε
βγαίνει για κυνήγι
για να ξεκάνει
τα κοράλια
της ψυχής
με τα πλοκάμια του.
Αχ, ας γινόταν
να μην υπήρχε εγωισμός!
Δε θα'βρισκε τόπο
για να ζήσει
το φοβερό χταπόδι
της αμαρτίας.
Τι κι αν του κόψεις δυο πλοκάμια,
τι κι αν του κόψεις πέντε πόδια,
πάντα κάποια μένουν
για να μας παγιδέψουν.
Μπορείς ν'απαλλαγείς

απ᾿τον εγωισμό.....
Αν τα καταφέρεις
είσαι δυνατός
κι ευτυχησμένος!

Γεννηθήτω το θέλημά Σου Κύριε

Κι ως εδώ που φτάσαμε λίγο δεν ήτανε...
Το αποτέλεσμα αβέβαιο.
Ο Θεός ας το αποφασίσει.
Γεννηθήτω το θέλημα Σου Κύριε!
Μα κι ο αγώνας ποτέ δεν πάει χαμένος!
Μας δυναμώνει την ψυχή και τον νου.
Μας ανεβάζει.Κι από μικρούς, ατελείς, (σε όλους τους τομείς),
σιγά-σιγά μας βελτιώνει.
Κι ως εδώ που φτάσαμε, περνώντας χίλια δυό εμπόδια, λίγο δεν ήτανε.
Όσο για το αποτέλεσμα, βρίσκεται στο χέρι του Θεού.
Αυτός γνωρίζει τόσα πολλά, Αυτός ξέρει το καλύτερο για τον καθένα μας.
Ας το αφήσουμε εξολοκλήρου στα χέρια του!!!

Το μυστικό μονοπάτι

[2- 1-99]
Τι να'ναι αυτό που σ'οδηγεί κάποιες φορές
πέρα απ'τα φαινόμενα και βλέπεις με τα μάτια της ψυχής;
Κι άλλες φορές ο νους σκοτίζεται, η καρδιά βαραίνει
και η ψυχή λες και νεκρώνεται, λες κι ένα πέπλο βαρύ τη σκεπάζει.
Τι να'ναι αυτό που ανασηκώνει το πέπλο;
Τι να'ναι αυτό που που από άνθρωπο χωματένιο σε κάνει πλάσμα Θεού;
Ίσως όταν απαλλάσεσαι απ'τα πάθη σου
και αφήνεις την καρδιά σου λεύτερη
ν'αγαπά όλο τον κόσμο και δεν ανταγωνίζεσαι
τον συνάνθρωπο και δεν ζηλεύεις και δεν φθονείς
και δεν κρατάς κακία, τότε η ψυχή αποκτά φτερά,
βρίσκει το μυστικό μονοπάτι και πορεύεται.
Τότε δεν βλέπει μόνο όσα τα μάτια
αντιλαμβάνονται, αλλά προχωρεί πιο
βαθιά κι αγκαλιάζει όλη τη γη,
πλησιάζει το Θεό κι ακουμπά με χαρά
στα χέρια Του κι αναπαύεται!

Στον Αλέκο Σακελλάριο

[18-12-2000]
Αχ κυρ Αλέκο, που νά'σαι τώρα;
Τι να σκέφτεσai; Πώς να τα περνάς;
Τριγυρισμένος από ήχους και μελωδίες,
θα χαίρεται η βαθιά ψυχή σου την ομορφιά,
που στην ζωή σου τόσο πολύ αγάπησες,
θα χαίρεται η ευάισθητη καρδιά σου την
πραγματική ξενοιάσιά, που τόσο πρόβαλλες
στις ταινίες σου, θα χαίρεται η ύπαρξη σου
το καθάριο γέλιο, που τόσο απλόχερα μας χάρισες.
Ας είναι ελαφρής ο ύπνος σου,
πολυαγαπημένε μας, κυρ Αλέκο Σακελλάριε,
γεμάτος από τα πιο γλυκά κι ανέμελα όνειρα,
μέσα στους κόλπούς του Θεού, που σε
προίκισε τόσο πλούσια με τα δώρα Του!!!

Υποχρεώσεις

[3-2001]
Έχουμε τόσες πολλές υποχρεώσεις
στο σώμα, στη ψυχή,
στον συντροφό μας,
στα παιδιά μας,
στους γονείς μας,
στους συνανθρώπους μας,
στο Θεό
Αλλοίμωνο αν τις συλλογιστούμε
μονομιάς όλες μαζί ·
θα χάσουμε την ισορροπία μας,
θα τρεκλίσουμε από το βάρος τους.
Ευτυχώς, που ο Θεός μας έπλασε
με μεγάλα απόθέματα αντοχών
και μας χαριτώνει καθημερινά
με δύναμη κι αντέχουμε!

Είναι καιρός...

[Λαμία 6-1988]
Καιρός να σηκώσει ξανά
η Ελλάδα το μπαϊράκι
και να σταθεί στην
πρώτη γραμμή
για την κατάκτηση του πνεύματος,
για την καλλιέργεια του πνεύματος,
για το πέταγμα προς το φως!
Καιρός να σηκώσουμε άγκυρα
φυσά καλό αεράκι
τα πανιά φούσκωσαν
λύστε τα παλαμάρια
ξεκινάμε για τη ΖΩΗ!

Όταν προσπαθώ...

[6-6-98]
Όταν προσπαθώ νιώθω μια πληρότητα και μια
γαλήνη, γιατί κάνω ό,τι μπορώ.
Ο Θεός βλέπει και κρίνει.
Θυμάμαι όλες τις φορές, πως έχει πενταπλασιάσει
το αποτέλεσμα της δικής μου προσπάθειας
με τη δική Του χάρη κι ευλογία.
Προσπαθώ ως εκεί που μπορώ.
Και νιώθω μια πληρότητα, και μιαν ελπίδα,
μια πίστη και μια προσμονή, πως ο Θεός
θα βοηθήσει, θα ευλογήσει, θα «φέρει»
το «καλύτερο» αποτέλεσμα προς το συμφέρον μας
Η προσπάθεια στο δικό μας το χέρι ανήκει,
Το αποτέλεσμα βρίσκεται στο χέρι του Θεού!

Ο Πειρατής

[10-10-2001]
Η θάλασσα φορτουνιασμένη
τα σύννεφα μαύρα, πίσα
ο αγέρας σκύλος σωστός.
το καράβι παιχνίδι της θάλασσας,
έρμαιο στα χέρια της,
μια ανεβαίνει, λες θα φτάσει
τον μαυρισμένο ουρανό,
μια γκρεμίζεται στη σκοτεινή
άβυσσο του κυμάτου
Όμως ο πειρατής, με σφιγμένα δόντια,
βουτά στα χέρια το κόνισμα της Παναγιάς
και φωνάζει δυνατά, αντρίκια :
« Παναγιά, κάνε όπως ορίζεις!
Μάθε όμως, πως το δεκαπενταύγουστο
θέλω να'ρθω στη Χάρη Σου γονατιστός
με ασημένια καντήλα μεγάλη!
Παναγιά, Εσύ διατάζεις τον αγέρα,
όπως εγώ το τσούρμο μου.
Μια κουβέντα να πεις, θα παύσει το κακό!
Βάρυνε το αμπάρι απ'τις αμαρτίες μας·
τ'αδειάσαμε, όμως όλα μες στη θάλασσα
και τώρα χορεύουμε πάνω στα κύματα.
Φταίξαμε, δεν είμαστε άξιοι της αγάπης Σου.
Κάνε όπως Εσύ ξέρεις Κυρά!»
Κι ο Πειρατής, στάθηκε με μάτι καθαρό, αδάκρυστο
και κοίταξε τριγύρω του.
Έπιασε το τιμόνι και προσπάθησε

ώρες πολλές να ισάσει το καράβι.
Κάποτε το κακό σταμάτησε!
Σύχασε το θεριό,
καθάρισε κι ο ουρανός,
μέρωσε ο αγέρας.
Κι ο Πειρατής, άυπνος, κατάκοπος,
ξέπνοος, πιάνει τ᾽άλμπουρα,
κοιτάζει μακριά τον ορίζοντα
και φωνάζει δυνατά, αντρίκια.
« Σ᾽ευχαριστώ Κυρά!
Σ᾽ευχαριστώ, που μας έσωσες,
που μας λυπήθηκες, που μας πόνεσες!»
Και τα μεγάλα, καθαρά ξάστερα μάτια του
πλημμύρισαν από ευγνωμοσύνη!

Σ'ένα τεντωμένο σκοινί...

[6-2002]

Ισορροπούμε πάνω σ'ένα τεντωμένο σκοινί.

Κάθε στιγμή πλήθος προβλήματα- μικρά, καλυμένα ύπουλα-, που αν δεν τα προσέξεις γίνονται μεγάλα·

και πλήθος ελαττώματα, που αν δεν τα εντοπίσεις και δεν τα πολεμήσεις γίνονται θεριά ανήμερα.

Πάνω σ'ένα τεντωμένο σκοινί... στεκόμαστε,

με τη Βοήθεια του Θεού Επιζούμε, με

το Χέρι του Θεού Στηριζόμαστε, με

τη θυσία του Θεού Σωζόμαστε!

Στη μητέρα μου...

[Ιούνιος 2003]
Πολλά πράγματα είναι δύσκολα
Έφυγες κι έμεινα μόνη μου.
Μου λείπει η αγάπη Σου!
Μου λείπει η ζέστη Σου!
Κάποτε Μάνα μου θα'ρθ'ω κοντά Σου!
Μάνα μου, πέρσι ήταν ένα όμορφο καλοκαίρι!
Το φετινό θα'ναι δύσκολο, γιατί θα μου λείπεις πολύ!
Συγχώρεσέ με Μάνα μου!
Παρακάλα το Θεό για μένα.
Σε παρακαλώ!

Εγώ που οδεύω;

[6-2002]

ΕΙΝΑΙ ΜΕΡΙΚΑ ΠΡΑΓΜΑΤΑ που ομορφαίνουν την ζωή. Ένα λουλούδι στο βάζο, ένα ποτήρι ζεστός καφές, ένα τραγούδι, μια βόλτα στην ακροθαλασσιά, ένα ξεκάρδισμα μικρού παιδιού, μια αστροφεγγιά, μια τρίλιά καρδερίνας, μια σιγαλοβροχή...

Όμως η ζωή είναι κάτι πιο ουσιαστικό, και το μυστηκό της πιο βαθύ και σύνθετο ...

Είναι αυτό που ονομάζουμε «ξεπέρασμα του εαυτού μας», «αποστασιοποίηση από το εγώ μας», «άνοιγμα ουσιαστικό στο διπλανό μας», «αγώνας συνεχής, καθημερινός για απαλλαγή απ'τα καλοκρυμμένα, καμουφλαρισμένα, ύπουλα πάθη μας», «αδιάλλειπτη επικοινωνία με το Θεό για βοήθεια, ευλογία, φώτιση, σύνεση, σωφροσύνη, ταπείνωση, μεγαλόκαρδία, συγχωρητικότητα, ειρήνη», «μυστηριακή ένωση με το Θεό με τη θεία Ευχαριστία» και «προσήλωση του νου και της καρδιάς στο μαρτύριο της Σταύρωσης του Χριστού μας.»

Κι από κει και πέρα ξεκινά μια άλλη συναίσθηση της ζωής. Μια άλλη διάσταση, μια άλλη οδός.

Ο Θεός πάσχει καθημερινά και σταυρώνεται καθημερινά και ματώνει...

Εγώ που οδεύω;

Σκέψεις για την Ελλάδα

ΠΑΝΤΟΤΕ ΚΑΙ ΠΑΝΤΟΥ τα ίδια!! Και τότε υπήρχαν οι καλοπερασάκιδες, οι λουφαδόροι, οι «αφιλότιμοι»!! (Όπως ακριβώς και τώρα!) Και τότε υπήρχαν οι «απάτριδες», οι μαυραγορίτες, οι προδότες! Κι όμως το έθνος έλαμψε!! Γιατί η ψυχή του Έθνους ήταν καθαρή, αμόλυντη απ'τη «βρωμιά του ατομικισμού», γενναία και δοκιμασμένη στις δυσκολίες. Και έτσι νικήσαμε!! Δεν περάσαμε και λίγα. Αλβανικό πόλεμο, Κατοχή, Εμφύλιο. Όμως νικήσαμε και κρατήσαμε για άλλη μια φορά το φρόνημά μας αδούλωτο.

Γι'αυτό και τώρα ας μην απελπιζόμαστε. Οι «σάπιοι» υπήρχαν, υπάρχουν και θα υπάρχουν. Μα η Ελλάδα δεν είναι αυτοί. Κι ας έχουν τις καλύτερες θέσεις, κι ας τα «τρώνε από παντού» κι ας κυβερνούν καμιά φορά.

Η Ελλάδα είμαστε όλοι εμείς που αγωνιζόμαστε καθημερινά και μοχθούμε και παλεύουμε για τον «επιούσιο». Η Ελλάδα είμαστε όλοι εμείς που δακρύζουμε σαν ατενίζουμε τη γαλανόλευκη, όλοι εμείς που δεν σκύβουμε το κεφάλι σε κανένα. Φτάνει να συνειδητοποιήσουμε πόσο δυνατοί είμαστε! Και να καταλάβουμε ποιο είναι το ισχυρότερο όπλο μας, «η ομόνοια» .

Σήμερα, Κυριακή του Θωμά

ΣΗΜΕΡΑ ΚΥΡΙΑΚΗ ΤΟΥ Θωμά. Σήμερα ο Θεός μας διδάσκει πως είναι μακάριοι όσοι πιστεύουν χωρίς να θέλουν αποδείξεις.

Είναι μακάριοι, γιατί είναι ήρεμοι, αναπαυμένοι μέσα στην αγάπη του Θεού και στην πρόνοιά του. Ενώ όλοι εμείς οι υπόλοιποι άπιστοι Θωμάδες μιζεριάζουμε μέσα στην απιστία μας και ζητάμε αποδείξεις της αγάπης του Θεού, που είναι «πανταχού παρούσα» κι όμως δεν την βλέπουμε!

«Μας ξέχασες Θεέ μου», λέμε..., γιατί ένα αίτημα μας αργεί να εκπληρωθεί και δεν καταλαβαίνουμε «το μέγεθος της Θυσίας» του Θεού, αλλά «κολλάμε» σε μικρά πράγματα και διαρκώς παραπονιούμαστε.

Δεν είναι ότι αμφυσβητούμε τη Θεότητα. Αλλά απιστούμε συνεχώς! Κι αυτό είναι δύο φορές αμαρτία! Με τη βοήθεια της Θείας Χάριτος ας ανεβούμε ένα σκαλί πιο πάνω κι ας αφήσουμε την επίγεια ζωή μας στα χέρια του Θεού, ο οποίος θυσιάστηκε, για να μας χαρίσει την αιώνια!

Ελάτη

[12-8-98]

ΤΑ ΒΟΥΝΑ ΚΟΜΜΕΝΑ ΜΕ το μαχαίρι, τραχιά, απότομα, γδέρνουν λες τον ουρανό με τις απότομες κορφές τους, ενώ τα έλατα τεντώνουν τα κλαδιά τους ικετεύοντας αυτά τα χιλιόχρονα βουνά να είναι συμπονετικά, να μην είναι άσπλαχνα, μα να σκεπάζουν με τον ίσκιο τους τη γη, τα δέντρα, τους ανθρώπους, τα ζούδια της γής...Χιλιάδες φτέρες και θάμνοι, σκύβουν ταπεινά τις κορφές τους, λυγίζουν τα κλαριά τους με ευγνωμοσύνη λες και προσκυνούν αυτά τα άγρια μα περήφανα βουνά, σαν τους δούλους που προσκηνούν τον αφέντη τους.

Μόνο τα ζούζουνα, μέλισες, σφύκες, μπουμπούρια, υψώνουν το μικροσκοπικό σουλούπι τους ζουζουνίζοντας, λες και κοροϊδεύουντα ταπεινά θάμνα για την ταπεινοφροσύνη τους, λες και αψηφούν τα άγρια βουνά και δεν λογαριάζουν το θυμό τους.

Κι όμως αυτά τα φωνακλούδικα ζουλάπια σαν πλησιάσουν τα έλατα, ζαρώνουν τα φτερά τους και κουρνιάζουν μέσα στα κλαδιά των αιωνόβιων δέντρων, ζητώντας προστασία, σητώντας «ζεστασιά», σαν το πιστό που μπαίνει στο εκκλησάκι και γαληνεύει η ψυχή του.

Γιατί τέτοια φαντάζουν τα έλατα, σαν εκκλησίες, με τα κεριά στις κορυφές τους να ατενίζουν τον απέραντο ουρανό, ασάλευτα, με μια ειρήνηπου μόνο στον παράδεισο θαρρείς πως υπάρχει, ενώ τα πυλιά πετούν μες τα κλαδιά τους σαν μικροί άγγελοι με τις γλυκιές φωνές τους να ψάλλουν τις πιο όμορφες μελωδίες της γης.

Οι Έλληνες που είναι;

ΔΥΣΤΥΧΩΣ, ΦΟΒΑΜΑΙ ΠΩΣ θα πληρώσουμε πολύ ακριβά τα λάθη μας. Η Θράκη εκτουρκίζεται, το Αιγαίο ερημώνει, γιατί δενυπάρχουν δουλειές για τους νησιώτες, τα Σκόπια φέρουν διεθνώς το όνομα Μακεδονία, η Βορ.Ήπειρος ως λέξη κ' ως υπόσταση έσβησε από τους χάρτες, το Κυπριακό αιμοραγεί εδώ και χρόνια· επιπλέον τα σχολεία υπολειτουργούν, η στρατιωτική εκπαίδευση των Ελλήνων έπαψε να έχει ουσιαστικό περιεχόμενο,τα νοσοκομεία εξαθλιώνονται, η ανεργία θεριεύει, το πρόβλημα των ξένων μειονοτήτων παραμένει άλυτο ενώ παράλληλα οι συμπατριώτες μας Πόντιοι και Βορειοηπειρώτες δεν έχουν καμιά ουσιαστική στήριξη από το κράτος· όσο για την ασφάλεια των πολιτών είναι ουσιαστικά ανύπρκτη, αφού καθημερινά γίνονται ληστείες κ' φόνοι χωρίς κανείς να μπορεί να παρέμβει αποτελασματικά. Το ηθικό των πολιτών καταρέει, η Ελλάδα έχει πάθει ένα γερό «στραπάτσο» και κανείς δεν ξέρει πότε και αν θα σταματήσει το κατρακύλισμά της. Τι θα γίνει τελικά; Ποια θα είναι η αυριανή μέρα γι'αυτόν τον τόπο με τις τόσες ανοικτές πληγές; Πως περιμένουμε τα νέα παιδιά που γαλουχούνται με τα «αποβουτυρωμένα γάλατα» μιας ξενόφερτης κουλτούρας, χωρίςνα γνωρίζουν την ιστορία και την παράδοσή μας, να αντιδράσουν σ'αυτόν τον ξεπεσμό; Που θα βρούμε το σθένος να παλέψουμε ενάντια σ'αυτήν την ουσιαστική εξαφάνιση της φυλής μας και του έθνους μας, αφού έχουμε βυθιστεί – Κράτος κ' Πολίτες – σ'έναν Ραγιαδισμό, που όμοιό του δεν γνώρισε ποτέ το έθνος μας; Στο ερώτημα ποιος φταίει η κυβέρνηση ή οι πολίτες, νομίζω πως η ευθύνη βαραίνει τους πολίτες, που ζουν αφιονισμένοι, νωθροί, κοιμισμένοι, ανύπαρκτοι. Γιατί που ήταν οι πολίτες, όταν κατέβηκε η Ελληνική σημαία από τα Ίμια;

Γιατί δεν κατέβηκαν στο κέντρο της Αθήνας να υψώσουν φωνή διαμαρτυρίας;

Ενώ πρίν λίγες μέρες 30.000 «Κούρδοι» έκαναν συναυλία στο κέντρο της Αθήνας, για να διαμαρτυρηθούν για τη σύλληψη του ηγέτη τους. 30.000 Κούρδοι στο κέντρο της Αθήνας. Αναρωτιέμαι οι Έλληνες που είναι;

Το Φθινόπωρο

[21-11-99]

ΠΕΣΜΕΝΟ ΜΠΡΟΥΜΗΤΑ Σ'ΕΝΑ στρώμα ξερά φύλλα το Φθινόπωρο μπουσουλά βγάζωντας χαρούμενες φωνές.

Τα φύλλα τρίζουνε, τρίβονται, διαλύονται, γίνονται μικρά κομμάτια κάτω από τα στρουμπουλά του ποδαράκια ενώ τα δύο του χεράκια τα πετούνε ψηλά, όσο πιο ψηλά μπορούνε.

Το Φθινόπωρο ξεκαρδίζεται. Είναι καταχαρούμενο.

Τι όμορφα που είναι όλα! Όλη η φύση ένας απέραντος παιχνιδότοπος! Δεν ξέρεις με τι να προτοπαίξεις! Σε λίγο θα πάω στις λακουβίτσες με τα νερά να πλατσουρίσω, συλλογίζεται. Ύστερα θα βρω λάσπη να φτιάξω μπαλάκια και κουκλάκια. Μετά θα πάω να τινάξω τα χρυσάνθεμα για να πεταχτούν από τα σγουρά τους κεφαλάκια τα νερά. Αργότερα θα παίξω βόλους με τα κούμαρα. Κατά το μεσημεράκι θα φάω σταφύλια και μήλα. Και το απόγευμα θα σκαρφαλώσω σε καμιά ψηλή λεύκα να δώ το ηλιοβασίλευμα.

Ύστερα χαζεύοντας τα κοκκινοπά σύνεφα που ταξιδεύουν θα αποκοιμηθώ.

Το Φθινόπωρο σηκώνεται από το σωρό τα φύλλα και περπατώντας αργά και προσεχτικά,(δεν έχει πολύ καιρό που περπάτησε), κατευθύνεται σ'ένα πυράνκαθο. Μαζεύει όσες πιο πολλές μπίλιες χωρούνν στα χεράκια του και πηλαλώντας και αλλαλάζοντας φτάνει σε μια μεγάλη λακούβα νερό. «Είναι πολύ άτακτο- συλλογίζεται η μητέρα-Φύση – μα παιδί μικρό είναι, τι να σου κάνει!»

Και κρυφογελώντας όλο καμάρι, σαν όλες τις μητέρες, το παρατηρεί που τσαλαβουτά όλο χαρά μες τις λάσπες.

Απάντηση σε ένα γράμμα

[12-7-00]

ΚΥΡ.ΝΙΚΟΛΟΥΔΗ,

Διάβασα το άρθρο σας στα Νέα [10/7/00] με πολλή προσοχή. Ναι κυρ.Νικολούδη, είμαστε όλοι Έλληνες. Έχουμε πίσω μας έναν μεγάλο πολιτισμό, μια πλούσια παράδοση και μια βαριά κλητρονομιά.

Πάνω στα χώματα της γης μας περπάτησαν οι ένδοξοι πρόγονοί μας. Ο Όμηρος, ο Ηρόδοτος, ο Σωκράτης, ο Πλάτωνα;, ο Αριστοτέλης, οι τραγικοί μας ποιητές, ο Σόλων, ο Αριστείδης, ο Θεμιστοκλής... Και αργότερα ύψωσαν το ανάστημά τους και τη φωνή τους ο Μέγας Βασίλειος, ο Γρηγόριος ο Θεολόγος, ο Ιωάννης ο Χρυσόστομος, μεγάλοι φιλόσοφοι, ίσως οι μεγαλύτεροι που ανέδειξε η ανθρωπότητα.

Κι ύστερα εκατοντάδες προσωπικότητες έζησαν σ'αυτή τη γη, συνδυάζοντας την ζωντανή ελληνική παράδοση και τον μακραίωνο ελληνικό πολιτισμό με τη βαθιά και δύσκολη Ορθόδοξη Χριστιανική Θεολογία και φιλοσοφία.. Θα σταθώ σε μερικούς: ο Μέγας Αθανάσιος, ο Άγιος Ιωάννης της Κλίμακος, ο Άγιος Νικόδημος ο Αγιορείτης.

Πέρασαν γενεές γενεών απ'αυτά τα χώματα.Βάρβαροι λαοί μας πολέμησαν, δοκιμαστήκαμε σκληρά. Χάσαμε την ελευθερία μας για 400 χρόνια. Βάφτηκαν τα αγκωνάρια, τα σκίνα και τα θυμάρια της γης μας με το αίμα των παπούδων μας, βουλιάξαμε σε τρίσβαθα σκοτάδια, τυραννιστήκαμε

Μα δε χαθήκαμε!

Νομίζετε πως ο Έλληνας, που σήκωσε το λάβαρο της Αγίας Λαύρας και είπε δυνατά το «Λευτεριά ή Θάνατος» γνώριζε Αριστοτέλη κυρ.Νικολούδη; Νομίζετε πως είχε ακούσει τον ιστορικό Πολύβιο ή είχε διαβάσει τα τραγούδια της Σαπφώς;

Τον παπά του γνώριζε, που τον κοινώναγε κρυφά τη νύχτα και του'λεγε πως «πάλι με χρόνια, με καιρούς, πάλι δικά μας θα'ναι». Η Ορθοδοξία μας κράτησε! Καθολικοί και Μωαμεθανοί είχανε πέσει να μας φάνε. Η Ορθοδοξία μας έσωσε! Είμαστε Χριστιανοί Ορθόδοξοι. Δε θα ντραπούμε να το φωνάζουμε και τους επόμενους αιώνες που θα'ρθούν.

Κι αν κάποιοι, με δικτατορικό τρόπο, μας διαγράψουν την Ορθόδοξη Χριστιανική ιδιότητά μας απ'τις πολιτικές ταυτότητες, απ'τη δική μας, την προσωπική μας ταυτότητα δεν θα μπορέσει κανείς να διαγράψει την πολυτιμότερή μας ιδιότητα. Ναι είμαστε Έλληνες Χριστιανοί Ορθόδοξοι!

Το κέντημα της θείας Ζηνοβίας

[4-2001]

ΜΙΑ ΜΑΚΡΙΝΗ ΘΕΙΑ ΤΟ κέντησε, αδερφή της γαιγιάς μου θαρρώ, η Ζηνοβία, η χρυσοχέρα.

Παριστάνει μια καλονή, μια αρχοντογυναίκα, επιβλητική, νταρντάνα, μ'ένα πλούσιο κότσο κι ένα μακρύ μεταξωτό φουστάνι.

Δίπλα της, σκυμμένη, μια αντρική φιγούρα της φιλάει το χέρι.

Το σχέδιο είναι απλό. Τα χέρια της καλονής είναι ασσύμετρα και λιγάκι χοντροκομμένα.Το φουστάνι έχει κι αυτό ατέλειες στο σκιτσάρισμα του.

Όμως το γέμισμα του σχεδιού με το κέντημα είναι κάτι το μοναδικό. Η βελονιά είναι τόσο ωραία, τόσο πονετικά δεμένη με τον καμβά, που θαρρείς και είναι ψηφίδα· που λες δεν το κέντησε ανθρώπινο χέρι.Με μαεστρία μοναδική δίνεται έμφαση στις λεπτομέριες του ρούχου, τονίζεται η έκφραση του προσώπου, προβάλλονται οι γραμμές του σώματος.

Μα το πιο καταπληκτικό είναι το αίσθημα που εκμπέμπει το κάδρο της αρχόντισας!

Λες και είναι ένας ύμνος, ένα ποίημα στη γυναικεία ομορφιά.

Λες και βλέπεις την προαιώνια γυναίκα, αγέρωχη, πλαισιωμένη με τη θηλυκή ομορφιά της και το μεγαλείο της, να αψηφά τα πάντα· να μην χάνεται απ'τις μικρότητες του «τώρα», αλλά να πλανάται μες στον «αυτάρκη ναρκισσισμό» της σ'έναν άλλο κόσμο, αλλιώτικο, γεμάτο απ'την μαγεία του παραμυθιού.

Αχ μικρασιάτισα θεία,

αχ Ζηνοβία χρυσοχέρα, που έπιανες και ζωγράφιζες πάνω στον καμβά τα ντέρτια σου και τα μεράκια σου, αχ και να ήξερες, πόσο μου θυμίζει την «Παριζιάνα» της Κνωσού το κέντημα σου.

Ακτινοβολεί αυτή την «αγέρωχη αυτάρκεια» της θηλυκής ομορφιάς!

Εκπέμπει αυτόν τον «γυναικείο τουπέ» !!!

Οι άνθρωποι φέρονται σαν Έλληνες

[2015]

ΠΟΛΛΑ ΤΑ ΕΠΙΚΑΙΡΑ ΘΕΜΑΤΑ *που απασχολούν καθημερινά την διεθνή κοινή γνώμη... και ένα από τα πιο πολύπλοκα: το μεταναστευτικό.*

Η Ευρώπη, μετά από πολλές συσκέψεις, συμβούλια, διαπραγματεύσεις, παίρνει την απόφαση να κλείσει τα δυτικά της σύνορα, εγκλωβίζοντας χιλιάδες δυστυχισμένους ανθρώπους στη χώρα μας, που είναι ανέτοιμη να δεχτεί ένα τόσο μεγάλο αριθμό μεταναστών και προσφύγων.

Κάθε μέρα ο αριθμός των δυστυχισμένων ανθρώπων που εισρέουν στη χώρα μας μεγαλώνει ενώ η ανικανότητα της Ελληνικής κυβέρνησης να ελέγξει, να περιορίσει και να αναστείλει την εισροή τους στη χώρα μας απόπ τη μια και η εκμετάλευση των Τούρκων δουλεμπόρων και η διπρόσωπη πολιτική Τουρκίας και Ευρώπης απ'την άλλη, οδηγούν σε μια κατάστση «μη διαχειρίσημη».

Η Ευρώπη σαν άλλος «Πόντιος Πιλάτος» νίπτει «τάς χείρας της», παρατάσσει στρατιώτες στα δυτικά της σύνορα, διακυβέβοντας με υποκριτικό φαρισαϊσμό ότι τα σύνορα δεν πρέπει να κλείσουν κσι να μείνει μόνη η Ελλάδα, η οποία είναι απροετοίμαστη και αδύναμη να δεχθεί στους ώμους της ένα τόσο δυσβάσταχτο φορτίο. Η Ευρώπη της ανθρωπιάς και του πολιτισμού, της αλληλεγγύης, και της πολυπολιτισμικότητας, βγάζει τη μάσκα της και δείχνει το φοβερό της πρόσωπο...

Και η Ελλάδα που διασείρεται για την κακή της διαχελιρηση στην οικονομία της και που περιφρονείται για τις επιλογές της προτάσσει πάλι το μεγαλείο των απλών ανθρώπων της που βοηθούν τους δυστυχισμένους πρόσφυγες με όποιο τρόπο μπορούν θεωρώντας «ιερόσυλη» πρ'αξη την θανάτωση του «Ικέτη» που προσφεύγει στον «βωμό» της χώρας τους εκλιπαρώντας για έλαιος.

Η Ευρώπη οδεύει ανακουφισμένη στην εορτή του Πάσχα, ξανασταυρώνοντας τον Χριστό, στο πρόσωπο όλων αυτών των ανθρώπων που καθημερινά πνίγονται, αρρωσταίνουν, δέχονται βίαιες επιθέσεις σκύλων και στρατιωτών που φρουρούν τα δυτικά σύνορα της και που τελικά πεθαίνουν.

Η Ελλάδα σκύβει και πλένει τις πληγές τους, γνωρίζοντας ότι η Ορθόδοξη Χριστιανική Πίστη χωρίς έργα αγάπης και αλληλοβοήθειας είναι «κενό γράμμα» και «κύμβαλα αλλαλάζοντα» οι πιστοί όταν δεν συμμετέχουν στον πόνο του αδύνατου.

Η Ευρώπη φωνάζει «Σταύρωσον... Σταύρωσον...».

Η Ελλάδα όμως ξέρει ότι η «Νέμεση» τιμωρεί πάντα όσους πράττουν ιερόσυλες πράξεις καταπατώντας το δίκιο των αδυνάτων και η «Νέμεση» ή αλλιώς «Θεία Δίκη» είναι ανελέητη και κανείς «θνητός» όσο δυνατός κι'αν είναι δεν γλιτώνει από τη δίκαιη τιμωρία της.

Η Ελλάδα, για άλλη μια φορά θα κάνει τη διαφορά...!!

Το μεγαλείο αυτής της χώρας, είναι σίγουρα η πολιτισμική της κληρονομιά πού απ'τους Αρχαίους Χρόνους μέχρι την σημερινή εποχή, διαπερνά την ψυχή των Ελλήνων, φυτεύοντας το δέντρο της συμπόνιας και της αγάπης για τον συνάνθρωπο.Το δέντρο αυτό βαθιά ριζωμένο ποτίζεται και καρπίζει με τα νάματα της Ορθοδοξίας που ανθεί και στολίζει αυτόν τον πονεμένο τόπο.

Κάποτε ο Τσώρτσιλ είχε πεί :

«Οι ήρωες πολεμούν σαν Έλληνες»

Η σημερινή πραγματικότητα δείχνει πώς

«Οι άνθρωποι φέρονται σαν Έλληνες»

2018

(σ.σ. Οι εξελίξεις των γεγονότων απέδειξαν ότι θα πληρώσουμε πολύ ακριβά τον ανθρωπισμό μας.)

Για ένα όμορφο καλοκαίρι

[ΙΟΥΛΙΟΣ 2002]

Είναι δροσιά τώρα.

Ο ήλιος ακουμπά απαλά πάνω στα πεύκα.

Ο ουρανός καθαρός, χωρίς ίχνος σύννεφου.

Ένα τριγόνι, πάνω στο καλώδιο, χαίρεται τη δροσιά.

Τα σφυριά των εργατών απ'την απεναντινή οικοδομή και ο ήχος των αυτοκινήτων που περνούν, οι μόνοι θόρυβοι.

Πάει και ο Ιούλιος.

Μένει ο Αύγυστος, για να ζίσουμε λίγη ξεκούραση.

Μα και πότε υπήρξε πραγματική ξεκούραση;

Ίσως μόνο όταν θα αποστασιοποιηθούμε απ'τους ρυθμούς τους έντονους κι όταν δε θα ασχολούμαστε με ξένες έννοιες.

Δυστυχώς όλα ξεκινούν από εμάς!

Απ'το μυαλό μας, απ'τα ελαττώματά μας!

Αν γινόταν να πηγαίναμε διακοπές χωρίς τα ελαττώματά μας, θα ξεκουραζόμαστε σίγουρα!

Κι αν γινόταν να παίρναμε μια βαλίτσα άδεια, για να τη γεμίσουμε με φεγγάρια αυγουστιάτικα και ηλιοβασιλέματα, θροΐσματα δέντρων και ξεφαντώματα τζιτζικιών·

για να γυρίσουμε πίσω έχοντας κρατήσει μια γλυκιά ανάμνηση ενός όμορφου καλοκαιριού κι όχι μια εμπειρία γεμάτη ζέστη, ταλαιπωρία, εκνευρισμούς, καβγάδες...

Να βάλει ο Θεός το χέρι Του, να'ναι όμορφο το φετινό καλοκαίρι!!!

Ο τόπος μας είχε πλατάνια και πολλά νερά. Ντενισλί, τον λέγαν.

[2022]

ΔΕΝ ΜΠΟΡΕΙΣ ΕΥΚΟΛΑ να μιλήσεις για πράγματα και γεγονότα, που εκείνοι που τα έζησαν δεν ήθελαν να μιλήσουν για αυτά.

Ήταν τόσο δύσκολο να καταφέρεις τον παππού ή την γιαγιά να σου διηγηθούν μια ιστορία, που να έχει αρχή, μέση και τέλος για την ζωή τους στην Μικρασία.

Δεν μιλούσαν! Δεν μπορούσαν να ξαναζήσουν, μέσα από τις διηγήσεις, τον μεγάλο πόνο, που ένιωσαν για τον ξεριζωμό τους απ' τα μέρη τους, για τους τόσους ανθρώπους, φίλους και συγγενείς που χάθηκαν και για την αγριότητα των Τούρκων που έσφαζαν, χωρίς έλεος, όποιο Χριστιανό έπεφτε στα χέρια τους.

Αποσπασματικά κάτι έλεγαν πού και πού και σταματούσαν...

Άρχιζαν να μιλούν, χωρίς αφορμή πολλές φορές, έτσι ξαφνικά, σε στιγμές χαλάρωσης και μετά σταματούσαν με βουρκωμένα μάτια, τις περισσότερες φορές.

- Τι να σου πω παιδί μου και τι να καταλάβεις!! έλεγαν όταν τους ρωτούσαμε. Ήταν τα μέρη μας πολύ όμορφα...με πλατάνια και νερά, πολλά νερά. Ντενισλί, που θα πει τόπος με πολλά νερά...και ξαφνικά η κουβέντα κοβόταν απότομα. Τα μάτια ταξίδευαν, όμως το στόμα βουβαινόταν.

- Γιαγιά, θέλεις να πας να δεις τα μέρη σας;

- Τούρκοι είναι παιδί μου εκεί;

- Ναι, Τούρκοι είναι εκεί.

- Όχι, δεν θέλω. Εδώ είναι τώρα τα μέρη μας. Όπου δεν είναι Τούρκοι, εδώ είναι τα μέρη μας!

Μέσα στην ψυχή τους ξέραν ότι δεν θα ξανάβλεπαν τίποτα από την πατρίδα τους. Όμως το γεγονός ότι ήταν στην Ελλάδα, ότι μπορούσαν να μιλούν την Ελληνική γλώσσα, να πηγαίνουν στην εκκλησία, να παρακολουθούν τις λειτουργίες και να μορφώνουν τα παιδιά τους στα ελληνικά σχολεία, ήταν γι' αυτούς τους ανθρώπους μεγάλη ανακούφιση.

Ο πόνος βέβαια, βαθιά θαμμένος μέσα τους, πάντα υπήρχε! Δεν μπορούσε να γιατρευτεί η ψυχή τους από την φρίκη και τον τρόμο που έζησαν μέχρι να φτάσουν στην Ελλάδα και απ' τις δυσκολίες που αντιμετώπισαν στην ελληνική επικράτεια ειδικά στην αρχή.

Γι' αυτό δεν μιλούσαν!!

Δεν θέλαν να μας τρομάξουν;

Δεν θέλαν να ανοίγουν πάλι τις παλιές πληγές;

Κανείς δεν ξέρει!!

Όμως δεν θα μπορέσω να ξεχάσω τη μανία του παππού συνεχώς να φυτεύει. Δέντρα, λουλούδια, λαχανικά.

Γέμιζε τον τόπο ασφυχτικά με φυτά. Στο μπαλκόνι της πολυκατοικίας, που έζησε τα τελευταία του χρόνια, δεν μπορούσες να περπατήσεις απ' τις γλάστρες. Καρέκλα να βάλεις δεν χωρούσε. Γλάστρες, γλαστράκια, επιμελώς φροντισμένες. Κοράλλια, γεράνια, γιασεμί, σκυλάκια, γαρίφαλα, ότι σκεφτείς υπήρχε. Στο προσφυγικό σπίτι της Καισαριανής, ο μικρός κήπος είχε του κόσμου τα δέντρα.

«Πού χωρούσαν τόσα δέντρα;», αναρωτιόταν η μητέρα μου. Κερασιά, βερικοκιά, μανταρινιά, κορομηλιά, συκιά.

Στο Λυγουριό, όταν είχε πάει να μείνει με τον γιό του για δύο χρόνια περίπου, δεν ήξεραν τι να κάνουν τα λαχανικά. Τι ντομάτες, τι κολοκυθάκια, τι μελιτζάνες! Όλη την μέρα έσκαβε, πότιζε, φύτευε. Λες και ήθελε να ριζώσει κι αυτός σ' αυτόν τον νέο τόπο. Να σιγουρευτεί ότι τίποτα δεν μπορούσε να τον αναγκάσει να φύγει. Να νιώσει την χαρά της ανθοφορίας, την προσμονή του καρπού, τη σιγουριά του κύκλου των εποχών, που διαδέχονται η μια την άλλη εξασφαλίζοντας την κανονικότητα. Να νιώσει πως το χώμα αυτό θα είναι η πατρίδα του, η πατρίδα των παιδιών του και των εγγονών του και δεν θα βρεθεί κάποιος να τον ξεριζώσει και να του το πάρει.

Επίσης, δεν θα ξεχάσω την βαθιά του πίστη στο Θεό, στον Ιησού Χριστό, στην Παναγιά μας, στον Άγιο Παντελεήμονα, την Αγία Παρασκευή, τον Άγιο Νεκτάριο. Στο τραπεζάκι δίπλα στο κρεβάτι του, πάντα υπήρχαν βίοι Αγίων. Κάθε βράδυ έκανε τον σταυρό του, την προσευχή του με βαθιά πίστη και βαθύτατη ευγνωμοσύνη στον Ύψιστο Θεό που τον έβγαλε μέσα απ' την Τουρκιά και τον έφερε στην Ελλάδα!

Ας είναι ελαφρύ το χώμα που σας σκεπάζει, αγαπημένε μου παππού Παύλο και αγαπημένη μου γιαγιά Γεωργία, το χώμα της μητέρας Ελλάδας, το χώμα στο οποίο ριζώσατε μετά από την φρίκη του ξεριζωμού και της σφαγής!

Ας είναι αιωνία η μνήμη σας, όπως κι όλων των Ελλήνων Μικρασιατών που είτε σφαγιάσθηκαν είτε έφτασαν στην Ελλάδα και έφεραν τον πολιτισμό τους, το ήθος τους και την βαθιά τους πίστη στον Χριστό μας και Θεό μας, ως τις μόνες τους αποσκευές!

Ας είμαστε και εμείς όλοι οι Έλληνες ευγνώμονες, σ' αυτούς τους αφανείς ήρωες Μικρασιάτες Πρόσφυγες, που έδωσαν στην πατρίδα μας παραδείγματα ηθικών και ακέραιων ανθρώπων, που στέριωσαν με τον αγώνα τους την Ελληνική κοινωνία και την ανύψωσαν με τον πολιτισμό τους!!!

Το πιο ευτυχισμένο πλάσμα στη γη

Η ΚΟΥΚΟΥΒΑΓΙΑ ΕΠΙΑΣΕ απελπισμένη το κεφάλι της με τις δυο φτερούγες της και είπε:

- Μα επιτέλους, θα σταματήσετε να φωνάζετε και οι δυο μαζί!

Έτσι δε θα βγάλουμε ποτέ άκρη!

Έλα κυρ μύρμηγκα, μίλησε ήρεμα και πες μας τα επιχειρήματά σου!

Ο μύρμηγκας, ξερόβηξε, σκούπισε τον ιδρώτα, που έτρεχε ποτάμι απ'το μέτωπό του και αναφώνησε:

- Εγώ και μόνον εγώ, αγαπητή μου, κυρία κουκουβάγια, είμαι το πιο ευτυχισμένο πλάσμα στη γη. Δουλεύω σκληρά τους καλοκαιρινούς μήνες και τον υπόλοιπο χρόνο απολαμβάνω τα αγαθά, που μαζεύω στις αποθήκες μου. Ποτέ δεν έχω πεινάσει και ποτέ δεν έχω ζητήσει βοήθεια από κανένα! Στηρίζομαι στις δικές μου δυνάμεις και στην τίμια εργασία μου!! Κανέναν δεν ενοχλώ, κανέναν δεν αντιμάχομαι. Ζω με ειρήνη και τιμιότητα και χωρίς να στερούμαι το παραμικρό! Γι'αυτό, είμαι ευτυχής!!

- Ευτυχής; κάγχασε ο τζίτζικας! Ας γελάσω!! Χα,χα,χα!! Εγώ είμαι το πιο ευτυχισμένο πλάσμα στη γη, κυρία κουκουβάγια! Εγώ, που ξέρω να διασκεδάζω, να χαίρομαι, να γλεντώ, να τραγουδώ και να χορεύω. Παίρνω το δοξάρι μου, κουρδίζω το βιολί μου κι αρχίζω το τραγούδι. Απ'το πρωί μέχρι το βράδυ! Ολημερίς τραγούδι και πάλι τραγούδι και ξανά τραγούδι!! Αυτό είναι το νόημα της ζωής! Διασκέδαση και γλέντι και χαρά χωρίς σκοτούρες, χωρίς άγχος, χωρίς έγνοιες!!

Η κουκουβάγια τους κοίταξε και τους δυο καλά, καλά! Μετά τους μίλησε με απλά και ήρεμα λόγια και τους είπε:

- Αγαπητοί μου, δυστυχώς κανένας απ'τους δυο σας δεν είναι το πιο ευτυχισμένο πλάσμα στη γη!!

Εσύ κυρ μύρμηγκα, δουλεύεις και η μόνη σου χαρά είναι οι γεμάτες αποθήκες σου!

Εσύ κυρ τζίτζικα, όλη μέρα τραγουδάς και σαν έρθει ο χειμώνας, με το πρώτο κρύο, ψοφάς από την πείνα και την κακομοιριά!!

Ευτυχία υπάρχει μόνο εκεί που υπάρχει το ΜΕΤΡΟ!

- Το μέτρο; αναφώνησαν τζίτζικας και μέρμηγκας μαζί! Τι σημαίνει μέτρο κυρά κουκουβάγια;

- Δείτε τα σπουργίτια, τα κοτσύφια, τους σπίνους και όλα τα μικρά πουλάκια, είπε το σοφό πουλί. Ξυπνούν πρωί, πρωί, αχάραγα με το τραγούδι στο στόμα. Ο ήλιος δεν έχει φωτίσει ακόμα τη γη κι αυτά κελαηδούν χαρούμενα, υμνώντας τον Θεό Πατέρα για την όμορφη μέρα που ξημερώνει.

Σαν ξημερώσει για καλά, αρχίζουν τις ασχολίες τους! Πετούν εδώ κι εκεί, ψάχνουν ασταμάτητα να βρουν τροφή για να ζήσουν και να μεγαλώσουν τα μικρά τους. Καθώς ο ήλιος ετοιμάζεται να βασιλέψει μαζεύονται στις φωλιές τους και πριν κοιμηθούν, ευγνωμονούν το Θεό με το γλυκό τους τραγούδι για την όμορφη μέρα που τους χάρισε!

Η ζωή τους είναι ευτυχισμένη γιατί δεν έχουν απληστία, ούτε τεμπελιά! Χαίρονται τα αγαθά του Θεού και συνεχώς Τον ευγνωμονούν με το κελάηδημά τους!

Μακάρια, ευλογημένα, πλάσματα, είπε η κουκουβάγια, τονίζοντας μία, μία τις λέξεις.

Μακάρι να διδασκόμασταν κι εμείς απ' το παράδειγμά τους!

Η Κυρά-Δέσποινα

«Αφιερωμένο σ' όλους τους πρόσφυγες που δεν μπόρεσαν να αντιπαλέψουν την απρόσμενη συμφορά και καταπλακώθηκαν απ' το βάρος του ασύλληπτου πόνου».

ΜΕΣΑ ΑΠ' ΤΗ ΦΩΤΙΑ ΚΑΙ το αίμα βγήκανε σαν φαντάσματα, με μάτια τρομαγμένα και ψυχές πληγωμένες, οι πρόσφυγες και σιγά σιγά προσπαθούσαν να συνέλθουν απ' τις απανωτές συμφορές που τους βρήκαν στα ελληνικά χώματα.

Ήταν όμως και κάποιοι που δεν κατάφεραν να συνέλθουν, δεν μπόρεσαν να αντέξουν, καταπλακώθηκαν απ' τον πόνο, συντρίφτηκαν απ' την απώλεια των αγαπημένων τους και κατακερματίστηκε η προσωπικότητα τους, αποσυντονίστηκε ο νους τους και σκοτείνιασε η διάνοια και η αντίληψη τους.

Δεν ήξεραν που βρίσκονται, δεν κατανοούσαν τα δεδομένα της τωρινής πραγματικότητας και ζούσαν σ' ένα δικό τους κόσμο, απαραβίαστο, απλησίαστο, αλλόκοτο που κανένας δεν μπορούσε να προσεγγίσει και κανένας δεν μπορούσε να βεβηλώσει.

Μια τέτοια ύπαρξη ήταν η κυρά-Δέσποινα. Ζούσε στην προσφυγική συνοικία του Ξυλοκάστρου περίπου μέχρι τα μέσα της δεκαετίας του '70. Κανείς δεν ήξερε από που ήταν, ποιο ήταν το επώνυμο της, ποια η οικογένεια της. Ήρθε μαζί με το μαρτυρικό καραβάνι των προσφύγων και με το λογικό χαμένο, χωρίς συναίσθηση του χρόνου(του τόπου, του σκοπού) κλειδωμένη πολύ καλά σ' ένα δικό της καταφύγιο, χωμένο στα πιο απόκρυφα βάθη του είναι της.

Περπατούσε αγέρωχα, την θυμάμαι πολύ καλά, στην παραλία του Ξυλοκάστρου, φορώντας ρούχα παράταιρα, στραβοπατημένα παπούτσια και σεργιάνιζε ώρες ατελείωτες απ' το πρωί έως το βράδυ.

Είχε σκούρα καστανά μαλλιά, μέτριο ανάστημα και μια δυνατή, αποκρουστική φωνή που έβριζε και καταριόταν τα «παλιόπαιδα», που την κορόιδευαν, ενώ συχνά τους πετούσε πέτρες.

Πολλές φορές ήταν ήρεμη. Τότε οι γυναίκες την καλούσαν στα σπίτια τους και της πρόσφεραν ένα πιάτο φαΐ και όποια βοήθεια μπορούσαν. Τότε τα σκούρα μάτια της γέμιζαν ευγνωμοσύνη. Έτρωγε, ευχαριστούσε κι έφευγε να συνεχίσει τον ατελείωτο περίπατο της, γυρίζοντας τις γειτονιές συνέχεια χωρίς σταματημό, χωρίς ανάπαυση, ένα ατελείωτο δρομολόγιο χωρίς αφετηρία και χωρίς τέρμα.

Τα χρόνια πέρασαν. Η κυρά-Δέσποινα αναπαύτηκε. Το Ξυλόκαστρο άλλαξε. Πάνε τα σπίτια των παιδικών μας χρόνων. Γέμισε πολυκατοικίες και από την προσφυγική συνοικία δεν υπάρχει τίποτα σχεδόν που να θυμίζει εκείνη την εποχή.

Όλα διαφοροποιήθηκαν μέσα στην πάροδο των χρόνων. Πενήντα χρόνια πέρασαν από τότε και ο χρόνος είναι αυτός που λειαίνει, ξεθωριάζει και αλλάζει όλα τις αναμνήσεις, σαν τα κύματα που τον σκληρό βράχο τον μετασχηματίζουν και τον μεταμορφώνουν.

Την είχα ξεχάσει την κυρά-Δέσποινα. Ούτε που την έφερνα στο μυαλό μου τα καλοκαίρια που κατεβαίναμε στο Ξυλόκαστρο απ' την Αθήνα, για να χαρούμε τις διακοπές μας.

Ένα απόγευμα βρισκόμουν στο σπίτι της θείας μου, της αδερφής του πατέρα μου. Είχε ετοιμάσει πρόσφορο για τις ψυχές των κεκοιμημένων και έγραφε τα ονόματα.

- Γεωργία, της λέει ο θείος μου, μην ξεχάσεις να γράψεις και την κυρά-Δέσποινα. Αυτή δεν έχει κανένα να την μνημονεύει.

- Καλά τα λες, Αλέκο. Μπράβο που το θυμήθηκες! ήταν η απάντηση της.

Και τότε ξεπήδησε, ανέλπιστα απ' τα σκοτάδια της μνήμης αγέρωχη να περπατά και να φωνάζει θυμωμένη σ' όποιον την πείραζε!

Αλήθεια σκέφτηκα, τώρα πια θα είναι ασφαλής, μέσα στην αγκαλιά του Θεού σαν τον φτωχό Λάζαρο και θα χαίρεται την μακαριότητα του Παραδείσου, τριγυρισμένη απ' όλα όσα στερήθηκε εδώ στη γη, χαρά, ηρεμία, γαλήνη και αγάπη!

Το περιβόλι του παππού
ΚΕΦΑΛΑΙΟ ΠΡΩΤΟ

ΤΟΝ ΠΑΠΠΟΥ, ΠΟΥ ΤΟΝ χάνεις, που τον βρίσκεις στο περιβόλι. Μια σκαλίζει τα δέντρα, μια ποτίζει τα ζαρζαβατικά ή βοτανίζει τα αγριόχορτα ή φυτεύει ή κλαδεύει ή βάζει κοπριά....

Όλο το καλοκαίρι, απ' τα χαράματα μες στα δέντρα και τα λουλούδια, μέχρι να πιάσει η ζέστη. Κι όταν ανεβαίνει ο ήλιος και η ζέστη πυρώνει τη γη, ανεβαίνει στο σπίτι κουρασμένος αλλά φχαριστημένος. Πλένεται, φτιάχνει καφέ και κάθεται στο σκεπαστό μπαλκόνι να ξεκουραστεί. Μαζί του κι εγώ.

Παίρνω τα παιχνίδια ή τα βιβλία μου και κάθομαι κοντά του.

Άλλες φορές ξυπνώ νωρίς, φορώ τα γαλοτσάκια μου και κατεβαίνω στο περιβόλι.

- Έλα, Γιαννάκη, έλα να δεις πόσο μεγάλωσαν τα ροδάκινα. Σε καμιά εβδομάδα θα είναι έτοιμα για κόψιμο.

Με αφήνει και σεργιανίζω στο περιβόλι και χαζεύω τα δέντρα, τα λουλούδια, τα κηπευτικά και όλο μου μιλά για τη γη και τα μυστικά της.

Κι είναι αλήθεια τόσο όμορφο ν' ακούς τον παππού να μιλά, να λέει ιστορίες, να φιλοσοφεί, να τραγουδά, να προσεύχεται, να λέει ανέκδοτα, να θυμάται περιστατικά απ' τα παιδικά του χρόνια και συγχρόνως με το τσαπί ν 'ανοίγει λάκκους γύρω από τα δέντρα ή με το κλαδευτήρι να ελευθερώνει τους θάμνους από τα πολλά κλαδιά.

Όλες οι δουλειές στο περιβόλι έχουν την αξία τους!

Το πότισμα, το κλάδεμα, το ράντισμα, το σκάψιμο...

Όμως αυτό το ξεβοτάνισμα! Τι άχαρη δουλειά! Και τι κουραστική! Και το κυριότερο, δεν τελειώνει ποτέ! Συνέχεια το ίδιο και το ίδιο. Βγάζεις τα αγριόχορτα, που φυτρώνουν γύρω από τα δέντρα και σε λίγες μέρες πάλι θεριεύουν και θέλουν πάλι ξερίζωμα.

Αρχίζεις να ξεχορταριάζεις κι ώσπου να τελειώσεις το ξεχορτάριασμα απ' άκρη σ 'άκρη στο περβόλι, περνά μια βδομάδα. Σαν περάσει όμως η βδομάδα και ρίξεις μια ματιά, βλέπεις πάλι στη ρίζα των δέντρων μικρά μικρά αγριόχορτα να ξεπροβάλουν. Μέσα σε λίγες μέρες αυτά ψηλώνουν, μεγαλώνουν πολύ γρήγορα και παν να πνίξουν τα φυτά.

Τι άχαρη δουλειά!

- Αμάν παππού! του λέω μια μέρα. Δεν μπορώ άλλο αυτό το ξεχορτάριασμα!

- Γιατί Γιάννη; απόρησε ο παππούς.

- Δεν υποφέρονται αυτά τα αγριόχορτα. Συνέχεια ξαναβγαίνουν...

- Είναι γιατί ποτίζουμε τα φυτά. Πίνουν κι αυτά νερό και ξαναβγαίνουν...

- Τότε παππού να μην τα ποτίζουμε τόσο πολύ.

- Μα παιδί μου, τώρα το καλοκαίρι αν δεν ποτίσουμε θα ξεραθούν όλα και τα άγρια και τα ήμερα.

- Μα έτσι αυτό θα γίνεται συνέχεια;

Ο παππούς χαμογέλασε.

- Μακάρι παιδί μου, να έχουμε την υγεία, την δύναμη και την υπομονή να ξεβοτανίζουμε συνέχεια και τη γη και την ψυχή μας.

Σε λίγο παππούς αφού τελείωσε με το πότισμα και μάζεψε το λάστιχο, με φώναξε να πάω κοντά του.

- Δες, μου λέει, κοίτα την λεμονιά δεν την πότισα σήμερα. Τα ξινά δεν θέλουν κάθε μέρα πότισμα. Κοίτα έχει λίγα αγριόχορτα στη ρίζα της. Για τράβα τα σε παρακαλώ, να 'χεις την ευχή μου.

Κάνω να τα τραβήξω, μα δυστυχώς δεν μπόρεσα να τα βγάλω με τη ρίζα και σπάσανε στα χέρια μου τα λεπτά κοτσάνια τους. Η ρίζα όμως έμεινε στο ξερό χώμα και δεν βγήκε.

- Παππού, δεν ξεριζώνονται. Είναι σκληρό το χώμα και δεν βγαίνουν.

- Άντε τώρα, πάμε στη ροδιά. Σήμερα την πότισα καλά, μα βγάλε τα ζιζάνια, που έχουν φυτρώσει δίπλα στον κορμό της.

Κάνω να τα τραβήξω και χωρίς καμία δυσκολία, χωρίς να το καταλάβω, χωρίς να κουραστώ βγήκαν με τη ρίζα όλα τους.

- Παππού, απ' το βρεγμένο χώμα βγαίνουν εύκολα!
- Έτσι είναι! Πολύ σωστά είπε ο παππούς!

Μετά πλυθήκαμε και οι δυο στη βρύση του κήπου και ανεβήκαμε στο σπίτι.
Σε λίγο καθόμασταν στη σκεπαστή βεράντα και τρώγαμε το δεκατιανό μας. Ντομάτα, τυρί, ελιές, κρίθινο παξιμάδι και φρέσκα αυγά απ' τις κότες μας.

- Παππού, γιατί είπες πριν ότι πρέπει να ξεβοτανίζουμε την ψυχή μας, όπως ακριβώς τα δέντρα;

Ο παππούς με κοίταξε καλά και με σοβαρή φωνή πρόσθεσε:

- Η ψυχή τ' ανθρώπου μοιάζει με τη γη. Όπως η γη θέλει φροντίδα για να μας δώσει τ' αγαθά της, έτσι και η ψυχή μας θέλει καλλιέργεια.

- Δηλαδή, παππού η ψυχή μας θέλει σκάψιμο, σπορά, πότισμα και κλάδεμα...

- Ναι, χρειάζεται παιδί μου όλα αυτά που λες.

- Και ξεβοτάνισμα;

- Κυρίως ξεβοτάνισμα παιδί μου. Ίσως είναι απ' τις πιο απαραίτητες και χρήσιμες εργασίες, αν θέλεις η ψυχή σου να καρποφορήσει.

- Ε αυτό, δεν το πιστεύω! είπα αγανακτισμένος καθώς θυμήθηκα πόσο με κούραζε το ξεβοτάνισμα του κήπου.

- Έλα, έλα μην αγανακτείς, είπε χαμογελώντας ο παππούς. Όλα τα καλά και ωφέλιμα πράγματα σ᾿ αυτή τη ζωή, γίνονται με κόπο. «Όλα κόποις κτώνται», λέγανε κι οι αρχαίοι Έλληνες.

- Μα για πες μου παππού τι εννοείς όταν λες ότι η ψυχή μας χρειάζεται σκάψιμο;

- Γιάννη μου, προσπάθησε να σκεφτείς γιατί σκάβουμε το χώμα και θα το βρεις.

- Σκάβουμε το χώμα για να αφρατέψει, πριν σπείρουμε ή πριν φυτέψουμε. Καθώς σκάβουμε αν βρούμε πέτρες ή ξύλα τα πετάμε, για να μείνει μόνο το καλό χώμα.

- Σωστά! είπε ο παππούς, φανερά ευχαριστημένος με την απάντησή μου.

- Δηλαδή, Γιάννη, προετοιμάζουμε τη γη να δεχτεί το σπόρο. Όσο πιο καλά προετοιμάσουμε τη γη, τόσο πιο εύκολα θα φυτρώσει και θα μεγαλώσει ο σπόρος. Συμφωνείς;

- Ναι παππού, συμφωνώ! απάντησα. Θυμήθηκα τώρα πως πριν φυτέψουμε την κυδωνιά, είχες ποτίσει πολύ καλά το χώμα, είχες ρίξει και λίπασμα και μετά φύτεψες το δέντρο.

- Μπράβο, που το θυμήθηκες Γιάννη! Προετοίμασα τη γη, για να μπορέσει το δέντρο να απλώσει τις ρίζες του βαθιά στο χώμα.

- Επίσης θυμάμαι ότι για καμιά δεκαριά μέρες το πότιζες πρωί και βράδυ, ενώ τα άλλα δέντρα, τα μεγάλα, δεν τα πότιζες τόσο πολύ!

- Το έκανα παιδί μου μέχρι να πιάσουν οι ρίζες του στο χώμα, μέχρι να κρατηθεί γερά στη γη.

- Με την ψυχή μας όμως, τι γίνεται παππού;

- Προετοιμάζουμε την ψυχή μας, πριν καλλιεργήσουμε παιδί μου. Την προετοιμάζουμε για να δεχθεί το σπόρο και για να ριζώσει και καρπίσει ο σπόρος.

- Τον σπόρο; Ποιον σπόρο παππού;

Ο παππούς σηκώθηκε και πήγε στην κάμαρά του. Μετά γύρισε πίσω στη βεράντα κρατώντας την Αγία Γραφή, που πάντα βρισκόταν στο κομοδίνο του.

- Έλα, μου λέει. Έλα να σου διαβάσω την παραβολή του Καλού Σπορέα απ' το κατά Ματθαίον Ευαγγέλιο και θα καταλάβεις.

- Επήγε ο Σπορέας να σπείρει, τον σπόρο στο χωράφι του. Καθώς όμως έριχνε τον σπόρο άλλος έπεσε στο δρόμο και τον έφαγαν τα πουλιά. Άλλος έπεσε στις πέτρες, φύτρωσε αλλά μη μπορώντας να απλώσει τις ρίζες, γρήγορα ξεράθηκε. Άλλος σπόρος έπεσε μέσα σε αγκάθια και ζιζάνια φύτρωσε, αλλά γρήγορα τον έπνιξαν τα αγκάθια και αφανίστηκε. Άλλος σπόρος έπεσε σε καλή γη και ευδοκίμησε κι έδωσε καρπό πολύ!!

Αυτή είναι μια παραβολή, μια ιστορία που παραβάλει, παρομοιάζει τη γη με την ψυχή μας και το σπόρο με το Λόγο Του Θεού. Όσο πιο καλά προετοιμασμένο είναι το χώμα, χωρίς πέτρες, αγκάθια και ζιζάνια τόσο πιο εύκολα φυτρώνει ο σπόρος, ευδοκιμεί και δίνει στον καιρό του θερισμού εκατονταπλάσιο καρπό. Όσο πιο καλά προετοιμασμένη είναι η ψυχή του ανθρώπου, απαλλαγμένη από αμαρτίες, κακές συνήθειες και μεγάλα ελαττώματα τόσο πιο εύκολα φυτρώνει σ' αυτή ο Λόγος Του Θεού, και καρποφορεί πολλές αρετές και χαρίσματα. Επειδή όμως παιδί μου, συνέχισε ο παππούς, όλοι εμείς οι άνθρωποι είμαστε αμαρτωλοί, γεμάτοι αδυναμίες, ελαττώματα και κακές συνήθειες, πρέπει να κοπιάσουμε πολύ, να παιδευτούμε, να ιδρώσουμε για να κάνουμε την ψυχή μας «καλή γη», ώστε να καρποφορήσει και να γεμίσει με τα λουλούδια των αρετών.

- Δηλαδή, παππού, οι πέτρες, τ' αγκάθια και τα ζιζάνια είναι οι αμαρτίες και τα ελαττώματά μας;

- Πολύ σωστά το λες παιδί μου!

- Δηλαδή παππού, όπως παίρνουμε την τσάπα και σκάβουμε το χώμα και βγάζουμε τις πέτρες, τα αγκάθια και τα ζιζάνια έτσι πρέπει να κάνουμε και με τις αμαρτίες, τα ελαττώματα και τις κακές μας συνήθειες;

- Είδες λοιπόν που το βρήκες μόνος σου! Έτσι ακριβώς όπως το λες είναι!

- Όμως παππού, στη γη τα αγκάθια και τα ζιζάνια τα βγάζουμε και σε λίγο πάλι ξαναβγαίνουν! Το ίδιο συμβαίνει και με την ψυχή μας;

- Δυστυχώς, Γιάννη μου! αναστέναξε ο παππούς. Το ίδιο και χειρότερα!!!

- Γι' αυτό, παππού, είπες προηγουμένως, μακάρι να έχουμε τη δύναμη, την υγεία και την υπομονή να ξεβοτανίζουμε τη γη αλλά και την ψυχή μας.

- Γι' αυτό παιδί μου!

- Ευτυχώς όμως παππού, τις πέτρες τις βγάζουμε και ησυχάζουμε...είπα ανακουφισμένος.

- Πέτρες παιδί μου, είναι οι αμαρτίες μας, τα λάθη μας. Αυτές τις λέμε στον εξομολόγο μας και ησυχάζουμε όπως είπες, είπε ήρεμα ο παππούς. Πρόσεξε όμως Γιάννη μου, όπως στη γη, έτσι και στην ψυχή μας, οι μικρές πετρούλες είναι ο μπελάς.

- Γιατί το λες αυτό παππού; απόρησα

- Αχ Γιάννη μου, αναστέναξε ο παππούς. Το χώμα έχει τόσα πολλά μικρά πετραδάκια και πρέπει όποτε τα βρίσκεις να τα βγάζεις, να τα πετάς. Εμείς οι αγρότες, ξέρουμε πολύ καλά, πως όταν σκάβουμε θα βρίσκουμε πάντοτε μικρές πέτρες, που όμως πρέπει να τις βγάζουμε απ' τη γη. Αυτές δυσκολεύουν τις ρίζες και ταλαιπωρούν τα φυτά. Είναι όμως δουλειά που δεν τελειώνει...Ενώ τις μεγάλες πέτρες, που φαίνονται εύκολα, τις βγάζεις και τελειώνεις. Οι μικρές όμως; Αχ αυτές οι μικρές, τι κόπο έχουν για να βγουν!...

- Και στην ψυχή μας παππού, ισχύει το ίδιο; ρώτησα.

- Ναι παιδί μου! είπε ο παππούς. Δυστυχώς και στην ψυχή μας συσσωρεύονται μεγάλες και μικρές αμαρτίες. Τις μεγάλες τις καταλαβαίνουμε εύκολα, τις εξομολογού-μαστε και ησυχάζουμε...Τις μικρές όμως, αν δεν είμαστε πολύ προσεχτικοί, μπορεί να μην τις καταλάβουμε ποτέ...Γι' αυτό οι Άγιοι, όπως π.χ. ο Άγιος Παΐσιος, μας προτρέπουν να κάνουμε λεπτή εργασία με την ψυχή μας. Να ψάχνουμε, να ερευνούμε και να εντοπίζουμε αυτές τις μικρές και ύπουλες αμαρτίες, που εμποδίζουν την καλλιέργεια των αρετών. Έλα τώρα, ας πάμε στην κουζίνα, γιατί η γιαγιά έχει έτοιμο το φαγητό και νομίζω πως είναι το αγαπημένο σου!

- Γεμιστά! Γιούπι! φώναξα ενθουσιασμένος!

- Αύριο θα συνεχίσουμε την κουβέντα μας, είπε ο παππούς, μια και το ξεβοτάνισμα είναι μια απ' τις πιο χρήσιμες και απαραίτητες εργασίες και για το περιβόλι και για την ψυχή μας!

ΚΕΦΑΛΑΙΟ ΔΕΥΤΕΡΟ

ΤΕΛΕΙΩΣΑΝ ΚΑΙ ΟΙ ΣΗΜΕΡΙΝΕΣ εργασίες στο περβόλι. Ο καλοκαιριάτικος ήλιος πυρώνει τη γη και ξεσηκώνει τα τζιτζίκια, που ασταμάτητα, χωρίς να κουράζονται, λαλούν το μονότονο σκοπό τους.

Ο παππούς κι εγώ, καθισμένοι στη σκεπαστή βεράντα ξεκουραζόμαστε, απολαμβάνοντας την κρύα βυσσινάδα της γιαγιάς.

Ο σγουρός βασιλικός στη ζαρντινιέρα της βεράντας μοσχοβολά. Ο παππούς μερακλώνεται και αρχίζει το τραγούδι.

«Βασιλικός θα γίνω στο παραθύρι σου κι ανύπαντρος θα μείνω για το χατίρι σου!»

Πώς μ' αρέσει ν' ακούω τον παππού να τραγουδά! Μερακλώνομαι κι εγώ και τον συνοδεύω στο τραγούδι.

«Το φεγγάρι κάνει βόλτα στης αγάπης μου την πόρτα. Το φεγγάρι κάνει κύκλο στης αγάπης μου τον κήπο».

- Αχ βρε Γιάννη μου, είπε ο παππούς, μόλις τελείωσε το τραγούδι, τι ευλογημένο φυτό είναι ο βασιλικός! Τι μοσχοβολιά που την έχει!

Ανασηκώνομαι και περιεργάζομαι το φυτό. Για πότε μεγάλωσε! Πριν ένα μήνα ήταν ένα τόσο δα μικρό κλωναράκι και τώρα φούντωσε, δυνάμωσε και άπλωσε τα μυρωδάτα κλαδιά του τόσο, που κοντεύει να πιάσει την μισή ζαρντινιέρα.

- Δες παππού, πλάι και γύρω στο βασιλικό δεν υπάρχουν ζιζάνια!

- Ναι, παιδί μου έχεις δίκιο, απάντησε ο παππούς. Θυμάσαι, όμως Γιάννη μου, θυμάσαι, όταν ήταν μικρό φυτό ακόμα, γύρω του φύτρωναν αρκετά αγριόχορτα. Επειδή όμως τον ποτίζαμε πρωί, βράδυ -ο βασιλικός άλλωστε θέλει πολύ νερό- θέριευαν και τα ζιζάνια και ήθελε σχεδόν κάθε μέρα ξεβοτάνισμα.

- Βέβαια και το θυμάμαι παππού, αφού εγώ τον ξεβοτάνιζα. Τον πότιζα πρωί, πρωί και αμέσως, τον ξεβοτάνιζα, γιατί από το βρεγμένο χώμα τα αγριόχορτα ξεριζώνονται πανεύκολα.

- Σωστά τα λες Γιάννη μου! Όταν όμως φούντωσε και θέριεψε, τα κλωναράκια του έκαναν παχιά σκιά στη ρίζα του και γύρω από αυτή. Έτσι, ο ήλιος δεν φώτιζε το χώμα, εκεί όπου έπεφτε η σκιά του φυτού. Οπότε, παρόλο που το χώμα ποτιζόταν, τα αγριόχορτα δεν έβγαιναν, αφού δεν έβλεπαν τον ήλιο.

- Άραγε παππού, το ίδιο συμβαίνει και με την ψυχή του ανθρώπου; ρώτησα.

- Βέβαια παιδί μου! Πρώτα, πρώτα στη ψυχή του ανθρώπου που ποτίζεται με Τον Λόγο Του Θεού, οι αρετές καλλιεργούνται και ευδοκιμούν πλήθος χαρίσματα, που μοιάζουν τα ευωδιαστά λουλούδια των φυτών. Βέβαια, φυτρώνουν και τα ζιζάνια των ελαττωμάτων, όμως επειδή η ψυχή ποτίζεται με το Λόγο του Θεού, ο άνθρωπος τα εντοπίζει και σχετικά εύκολα τα ξεριζώνει όπως εμείς ξεριζώνουμε εύκολα τα αγριόχορτα από το νοτισμένο χώμα. Καθώς όμως ο άνθρωπος, που ασχολείται με την καλλιέργεια της ψυχής του προκόβει και προοδεύει πνευματικά, οι αρετές του πληθαίνουν, σαν τα κλωναράκια του βασιλικού, τα χαρίσματα πολλαπλασιάζονται και ο ίσκιος τους καλύπτει την ψυχή, μην αφήνοντας χώρο στα ζιζάνια των ελαττωμάτων να αναπτυχθούν. Έτσι συμβαίνει στις ψυχές των Αγίων που ευωδιάζουν απ' το πλήθος των Αρετών που με κόπο και αδιάκοπο αγώνα καλλιέργησαν. Τότε Η Χάρις Του Θεού ελκύεται απ' την ομορφιά των Αγίων αυτών ψυχών και τις στολίζει με πολλά και σπάνια χαρίσματα.

- Παππού, τώρα καταλαβαίνω, πόσο σημαντικό είναι να καλλιεργούμε την ψυχή μας και να την φροντίζουμε !!

- Νομίζω παιδί μου, πως ακόμα πιο σημαντικό είναι να την ποτίζουμε αδιάκοπα με Τον Λόγο Του Θεού, ώστε να μπορούν και οι αρετές να ευδοκιμούν και τα ζιζάνια των ελαττωμάτων με ευκολία να ξεριζώνονται.

Θυμάσai Γιάννη μου, πόσο δύσκολα ξεβοτάνιζες χθες τη λεμονιά, που ήταν απότιστη!

- Ναι παππού, πολύ δύσκολα. Τα κοτσάνια απ' τα ζιζάνια κόβονταν με δυσκολία ενώ οι ρίζες τους μένανε στη γη. Δηλαδή, παππού, δεν ξεριζώνονται τα ζιζάνια απ' το ξερό χώμα. Είναι αδύνατο!

- Το ίδιο αδύνατο είναι παιδί μου, να ξεριζωθούν τα ανθρώπινα ελαττώματα απ' την απότιστη ψυχή! Απ' την ψυχή που δεν ποτίζεται με Το Λόγο Του Θεού και δεν μετέχει στα μυστήρια της Εκκλησίας μας.

- Κυρ Γιάννη, σου 'φερα τα καλάμια που μου ζήτησες, ακούστηκε απ' το δρόμο η φωνή του κυρ-Λευτέρη.

- Σ' ευχαριστώ, Λευτέρη μου! Έλα πάνω να σε τρατάρουμε ένα τσιπουράκι! απάντησε ο παππούς.

- Βιάζομαι, Γιάννη μου, άλλη φορά θα'ρθω, είπε ο κυρ Λευτέρης και χάθηκε η λεπτή κορμοστασιά του μέσα απ' τα φυλλώματα των δένδρων του περιβολιού.

- Παππού, τι τα θες τόσα καλάμια; ρώτησα απορημένος.

- Είναι για τις μικρές κερασιές, είπε ο παππούς. Αύριο πρωί πρωί θα τις στηρίξουμε!

ΚΕΦΑΛΑΙΟ ΤΡΙΤΟ

ΠΡΩΙ ΠΡΩΙ, ΚΑΙ ΠΑΛΙ στο περβόλι. Το δροσερό πρωινό αεράκι μας χαϊδεύει το πρόσωπο, ενώ τα πουλάκια ανταγωνίζονται ποιο θα πει το πιο όμορφο τραγούδι!!

Τι όμορφη ώρα!

Ο παππούς ορεξάτος με το λάστιχο στο χέρι ποτίζει τις μικρές κερασιές. Μετά παίρνει τα χοντρά καλάμια και δένει το λιγνό κορμό της κάθε κερασιάς μ' ένα καλάμι. Ύστερα χώνει προσεκτικά το καλάμι στο μουσκεμένο χώμα.

Παρατηρώ με πόση προσοχή και επιμέλεια δένει τους κορμούς των μικρών δέντρων, χρησιμοποιώντας ξερό χόρτο, που είναι ειδικό γι' αυτή την εργασία, με τα χοντρά καλάμια.

Όταν τελείωσε, η ικανοποίηση είχε απλωθεί στο πρόσωπό του.

- Βλέπεις παιδί μου, μου λέει, πώς στηρίζουμε τα μικρά δέντρα; Έτσι, τα προστατεύουμε για να μην σπάσουν οι λεπτοί κορμοί τους απ' τον δυνατό αέρα, αλλά και για να μην στραβώσουν οι κορμοί τους και πάρουν περίεργα σχήματα καθώς μεγαλώνουν τα φυτά.

Λέγοντας αυτάς μου έδειξε μια κορομηλιά που είχε φυτρώσει στην άκρη του περιβολιού. Αυτή είχε πολύ στραβό κορμό. Τα μισά κλαδιά της ακουμπούσαν σχεδόν στο χώμα και τα άλλα μισά τινάζονταν προς τα πάνω ακανόνιστα, δίνοντας στο δέντρο μια περίεργη όψη.

- Δες αυτή την κορομηλιά παιδί μου. Φύτρωσε μοναχό του το δέντρο αυτό από κουκούτσι, εκεί στην άκρη του φράχτη. Σαν ψήλωσε λιγάκι, βρήκα ένα γερό, χοντρό καλάμι και το στήριξα. Να έτσι όπως κάναμε εμείς σήμερα με τις μικρές κερασιές.

- Πώς όμως στράβωσε έτσι παππού, αυτό το δέντρο;

- Ήταν τότε που 'κανα την εγχείρηση στην χολή μου, είπε ο παππούς. Ο γιατρός μου απαγόρευσε τις γεωργικές εργασίες για ένα εξάμηνο περίπου. Θυμάσai που είχαμε έρθει με τη γιαγιά στην πόλη και μέναμε μαζί σας;

- Και βέβαια το θυμάμαι, παππού!!

- Τότε είχαμε βάλει δύο εργάτες στο περβόλι και φρόντιζαν τα δέντρα και τα κηπευτικά. Ποιος ξέρει, Γιάννη μου, τι έγινε! Μήπως πέρασε κανένας τσοπάνης απ' το δρόμο με το κοπάδι του και έβγαλε το καλάμι από το δέντρο του φράχτη για να το κάνει ραβδί; Μήπως το πήρε κανένα παιδί για να παίξει; Πάντως το δεντράκι έμεινε χωρίς στήριγμα και ο δυνατός αέρας το λύγισε κι ο κορμός του στράβωσε και πήρε το σχήμα που βλέπεις. Στράβωσε παιδί μου και τώρα πια δεν ισιώνει, δεν διορθώνεται, ότι και να κάνουμε! Γι' αυτό, τα μικρά δεντράκια για να μεγαλώσουν και ν' αποκτήσουν ίσιο κορμό, θέλουν στηρίγματα, όπως άλλωστε και τα μικρά παιδιά, είπε ο παππούς και μου χαμογέλασε με νόημα.

- Δηλαδή παππού εγώ και η αδερφή μου και οι φίλοι μου θέλουμε στηρίγματα για να μεγαλώσουμε σωστά;

- Βέβαια! συμφώνησε ο παππούς.

- Άντε παππού, του είπα μισοσοβαρά, μισοαστεία, δέσε και σε μένα ένα χοντρό καλάμι για να μεγαλώσω σωστά...

- Αχ Γιάννη μου! Δεν είναι τόσο απλό με τους ανθρώπους και ιδίως με τα παιδιά!! Η αγωγή των παιδιών ξεκινάει πολύ νωρίς, από τότε που βρίσκονται στην κοιλιά της μητέρας τους και συνεχίζεται για χρόνια αρκετά μέχρι να ωριμάσουν και να μάθουν μόνα τους να φροντίζουν για την καλλιέργεια και την πρόοδό τους.

- Μα πώς παππού ξεκινά η αγωγή απ' τότε που βρίσκεται ο άνθρωπος στην κοιλιά της μητέρας του;

- Βέβαια, παιδί μου, από τότε ξεκινά!! Πολλοί σύγχρονοι επιστήμονες υποστηρίζουν, πως πολλά στοιχεία της συμπεριφοράς και του χαρακτήρα του ανθρώπου σχετίζονται με την εμβρυική περίοδο της ζωής του, τότε που η συναισθηματική κατάσταση της μητέρας του, η χαρά ή η λύπη της, ο θυμός ή η ηρεμία της επιδρούσε και διαμόρφωνε το μικροσκοπικό έμβρυο!! Κι ο πατέρας Πορφύριος, ο Άγιος, που έχεις την εικόνα του στην βιβλιοθήκη σου, το ίδιο υποστήριζε! Συμβούλευε ακόμα τους γονείς, να μεγαλώνουν τα παιδιά τους με αγάπη, υπομονή και με τις διδαχές του Ευαγγελίου, που είναι στηρίγματα για τις ψυχές των παιδιών. Επίσης, η συμμετοχή στα Μυστήρια της Εκκλησίας και κυρίως στο Μυστήριο Της Εξομολογήσεως και στο Μυστήριο Της Θείας Ευχαριστίας, είναι απαραίτητη για την σωστή ανατροφή και αγωγή του ανθρώπου. Γιατί τότε, ο ίδιος ο Θεός, που επεμβαίνει μυστηριακά, στηρίζει και βοηθά τον άνθρωπο!!

Ο παππούς μάζεψε τα καλάμια, που περίσσεψαν και τα έβαλε στη μικρή αποθήκη του περιβολιού. Μετά πλυθήκαμε και ανεβήκαμε στο σπίτι, γιατί η ζέστη του καλοκαιριού είχε αρχίσει να μας ταλαιπωρεί.

ΚΕΦΑΛΑΙΟ ΤΕΤΑΡΤΟ

ΠΟΛΛΑ ΚΑΛΟΚΑΙΡΙΑ ΠΕΡΑΣΑΝ από τότε! Ο παππούς έφυγε για τον ουρανό κι εγώ φοιτητής πια, όποτε μπορώ, ξεκλέβω λίγο χρόνο για να βρεθώ στο περβόλι και να χαρώ την ομορφιά της φύσης!!!

Είναι Οκτώβρης κι έχω κατέβει πρωί πρωί στο περβόλι, κρατώντας μια μεγάλη κούπα αχνιστό καφέ! Το προηγούμενο βράδυ, έβρεχε ασταμάτητα. Το ξημέρωμα τα σύννεφα τραβήχτηκαν πίσω από το βουνό. Τώρα ο φθινοπωρινός ήλιος, που περνά μέσα από τα κλαδιά των δέντρων, κάνει την πρωινή πάχνη των φύλλων να λαμπυρίζει σαν πολύτιμο κόσμημα από εκατοντάδες μικρά διαμάντια και ζαφείρια.

Οι κοκκινολαίμηδες και οι σπίνοι, οι φτερωτοί ψάλτες της φύσης, τιτιβίζουν χαρούμενοι τον Όρθρο, δοξολογώντας ασταμάτητα Τον Θεό, ενώ τα κιτρινωπά φύλλα, υποταγμένα στη μοίρα τους, στοιβάζονται στο νωπό χώμα, ντύνοντας το περιβόλι με τη φθινοπωρινή του φορεσιά.

Καθώς ο ήλιος ψηλώνει στον ουρανό και οι ακτίνες του, σαν σαΐτες χρυσές, πέφτουν δεσμίδες , δεσμίδες στη γη, αιχμαλωτίζουν την πρωινή πάχνη, μέσα στο χρυσό τους δίχτυ. Βλέπεις τότε ν' ανεβαίνει η πάχνη, σαν αέρινος ατμός απ' το μουσκεμένο χώμα κι ένας μεταξωτός μανδύας από λεπτή ομίχλη ν' ανασύρεται απ' τη νοτισμένη γη. Τότε οι δεσμίδες του φωτός διαθλώνται, καθώς περνούν μέσα απ' τις αέρινες στάλες της πρωινής πάχνης, στολίζοντας το περιβόλι με πολύχρωμα μικρά κάτοπτρα. Ονειρική ατμόσφαιρα!!

Η ψυχή μου αγάλλεται!! Η καρδιά μου σκιρτά!! Θεέ μου τι ομορφιά κρύβει μέσα της η φύση!! Τι θαύματα έπλασε η πανσοφία σου!! Ποιος καλλιτέχνης μπορεί να συγκριθεί μαζί σου!!! Ποιος ποιητής μπορεί να εκφράσει με τους στίχους του την ομορφιά των Δημιουργημάτων Σου!! Ποιος ζωγράφος μπορεί να αποτυπώσει στα έργα του την τελειότητα ,την αρμονία, το μέτρο και την νομοτέλεια των Θεϊκών Έργων Σου!! Ποιος επιστήμονας μπορεί να κατανοήσει το Μεγαλείο Της Άπειρης Σοφίας Σου!! Ποιος φιλόσοφος, ποιος διανοητής μπορεί να εξιχνιάσει Τις Θείες Βουλές Σου!! Ποιος άνθρωπος πάνω στη γη, μπορεί να γνωρίσει Την Αγία Τριαδική Σου Θεότητα και να εμβαθύνει στα Ακατάληπτα και Άγια Μυστήριά Σου!!

Όμως, παρ' όλη την αναξιότητά μας, όλοι μετέχουμε στις Δωρεές της Άπειρης Θεϊκής Αγαθότητάς Σου και της Αστείρευτης Αγάπης Σου!!

Ας είναι πάντα Ευλογημένο Το Όνομά Σου Κύριε!! μονολογώ και άξαφνα η σκέψη μου πηγαίνει στο παππού!

Αχ παππού μου, συλλογίζομαι, τι ωραίες συζητήσεις κάναμε στο περβόλι!! Πόσο ωφέλιμες ήταν οι συμβουλές σου! Σαν το λίπασμα, που πέφτει στη γη και κάνει το χώμα έφορο!!

Σ' ευχαριστώ για τα στηρίγματα που έβαλες στην ψυχή μου με τις διδαχές σου!

Πραγματικά προσπαθώ να καλλιεργήσω την ψυχή μου, όπως μου έλεγες! Δεν λησμονώ το ξεβοτάνισμα, που είναι από τις πιο απαραίτητες εργασίες. Για να τα καταφέρω όμως να απαλλαγώ απ' τα αγριόχορτα και τ' αγκάθια, που δυστυχώς φυτρώνουν μέσα μου, προσπαθώ να βρίσκω το χρόνο να ποτίζω την ψυχή μου με Το Λόγο Του Θεού και να συμμετέχω στα Μυστήρια της Εκκλησίας μας!!!!

Αγαπημένε μου παππού, σου δίνω το λόγο μου, πως θα προσπαθώ πάντοτε να εφαρμόζω τις συμβουλές σου και θα προχωρώ στη ζωή μου, έχοντας για βοηθό και συμπαραστάτη μου τον Ιησού Χριστό και τους Αγίους μας, όπως τόσες και τόσες φορές μου έλεγες!!!!

Αντί Επιλόγου

Στο Θάνο

ΘΑΝΟ ΜΟΥ,

Φτάνοντας στο κατώφλι μιας καθοριστικής ηλικίας-μιας ηλικίας-σταθμός (έτσι θα την χαρακτήριζα) και για τους δυό μας, ρίχνω μια ματιά στα χρόνια που πέρασαν και ένα συναίσθημα ανακούφισης και χαράς με πλημμυρίζει...

Τα χρόνια που πέρασαν αξιοποίησαν τις δυνάμεις της νεαρής ηλικίας και έφερναν καρπούς, μια δεμένη οικογένεια στηριγμένη στην αγάπη και την αφοσίωση, παιδιά με φιλότιμο και ήθος, μια επιτυχημένη επαγγελματική καριέρα που τη χαρακτηρίζει τιμιότητα και ευσηνειδησία (τα μετάλια του σωστού επαγγελματία) και ισορροπημένη συναισθηματική και ψυχική κατάστση (αναγκαίες προυποθέσεις της ευδαιμονίας του ανθρώπου) .

Στέκομαι και θυμάμαι πώς τίποτα δεν ήταν εύκολο, σ'όλους τους τομείς .Δυσκολίες, αγώνας και προσπάθεια συνεχής, στην στήριξη της οικογενειακής ζωής στην αγωγή των παιδιών, στον επαγγελματικό τομέα.

Σκέφτομαι πως παλέψαμε πάντα με την συνεχή και αδιάκοπη βοήθεια του Θεού που μας ενίσχυε συνεχώς, μας συντρόφευε και μας ενθάρρυνε στις δυσκολίες και μας καθοδηγούσε με την χάρη Του!

Και φτάσαμε στο κατώφλι των 50 χρόνων.

Στέκομαι πάλι να σου πώ ένα μεγάλο ευχαριστώ για όλα, είμαι πραγματικά τυχερή που σε γνώρισα και που είμαστε μαζί τόσα χρόνια!!!

Και πάλι στέκομαι και κοιτώ μπροστά...

Η ζωή συνεχίζεται, έχουμε δρόμο να διανύσουμε, παιδιά που χρειάζονται τη βοήθεια μας, γονείς που θέλουν την στοργή μας και φυσικά το «βαρύ κεφάλαιο της αυτοβελτίωσης μας». Μέσα απ'την ωριμότητα των 50 χρόνων, να κάνουμε ενδοσκόπηση του βαθύτερου είναι μας και να προσπαθήσουμε να νοικοκυρέψουμε «τα του οίκου μας», «τα του εαυτού μας» [τώρα που μπορούμε], τώρα που είμαστε νέοι και έχουμε σώας τας φρένας ώστε όταν θαν έρθει η τρίτη ηλικία (να τρώμε από τα έτοιμα που λέει και ο πατέρας Παΐσιος) να μας περιμένει η σύνταξη των πνευματικών μας κόπων για να πορευθούμε στην συνέχεια...

Κοιτώ γύρω μου, δύσκολες εποχές για αυτοβελτίωση –ο «άρχων του αιώνα τούτου» ξέρει καλά την δουλειά του- πασπαλίζοντας με χρυσόσκονη ξυλοκέρατα τα παρουσιάζει για πολύτιμους θησαυρούς...

Ξέρει να τυλίγει στα δίχτυα της ματαιοδοξίας και της απληστίας τους ανθρώπους που πέφτουν ανυποψίαστοι και σπαταλούν τις δυνάμεις τους σε δύσκολες δουλειές και ανώφελες καριέρες για να κερδίζουν δόξα και χρήμα!

Δεν αξίζει! «Τι ωφελεί τον άνθρωπο να κερδίσει τον όλο τον κόσμο και να χάσει την ψυχή του!»

Κοιτώ τους γονείς μας!! Όλοι τους αξιέπαινοι! Μοχθήσανε τόσο στη ζωή τους! Με σεβασμό και προσοχή ξεστομίζω τις παρακάτω λέξεις!

Ας μας δώσει ο Θεός τη φώτιση να κάνουμε λιγότερα λάθη ώστε να μην ταλαιπωρήσουμε τα παιδιά μας

(όχι με τις αρώστειες του σώματος) γιατί αυτές συμβαίνουν χωρίς τη θέληση μας πολλές φορές, αλλά να μην τα ταλαιπωρήσουμε με τις ατέλειες του χαρακτήρα μας ώστε να τα βοηθήσουμε κι αυτά να φτιάξουν ένα γερό, ανθεκτικό, χαρακτήρα που να συνδιάζει ευαισθησία,α γωνιστικότητα, εργατικότητα, φόβο Θεού, υπομονή και άγρυπνο νου που να αποφεύγει τις παγίδες των επιτήδειων.

Κοιτώ πίσω κοιτώ μπροστά!

Ο Θεός είναι η πηγή της προσπάθειας και της ασφάλειάς μας.

50 χρόνια κόπου και επιβραβεύσεων με τη συνεχή βοήθεια και τη Χάρη Του!!

Ας είναι ευλογημένα και φωτησμένα από το Άγιο Πνεύμα και τα υπόλοιπα χρόνια μας!!!

Με πολλή πολλή αγάπη

η Μαρία σου!

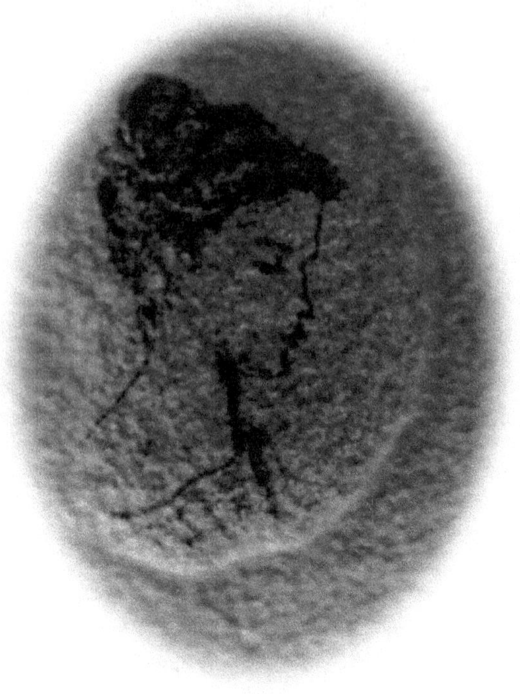

Don't miss out!

Visit the website below and you can sign up to receive emails whenever Μαρία Μπονάτσου publishes a new book. There's no charge and no obligation.

https://books2read.com/r/B-A-DCRV-WWNCC

www.ingramcontent.com/pod-product-compliance
Lightning Source LLC
Chambersburg PA
CBHW061355140726
47997CB00003B/1218